萨特哲言录

Sate Zheyanlu

鲍金海

/编写

吉林教育出版社

U0608371

图书在版编目(CIP)数据

萨特哲言录 / 鲍金海编写. — 长春：吉林教育出
版社，2012.6（2018.2重印）
（和谐校园文化建设读本）
ISBN 978－7－5383－8772－8

Ⅰ．①萨… Ⅱ．①鲍… Ⅲ．①萨特,J.
P.（1905～1980）－语录－青年读物②萨特，
J.P.（1905～1980）－语录－少年读物 Ⅳ.
①B565.53－49

中国版本图书馆 CIP 数据核字（2012）第 116073 号

萨特哲言录   鲍金海　编写

策划编辑　刘　军　　潘宏竹
责任编辑　尹曾花　　　　　　　　　　**装帧设计**　王洪义

出版　吉林教育出版社（长春市同志街 1991 号　邮编 130021）
发行　吉林教育出版社
印刷　北京一鑫印务有限责任公司

开本　710 毫米×1000 毫米　1/16　13 印张　**字数**　165 千字
版次　2012 年 6 月第 1 版　2018 年 2 月第 2 次印刷
书号　ISBN 978－7－5383－8772－8
定价　39.80 元

吉教图书　　　版权所有　　　盗版必究

编 委 会

主　　编：王世斌

执行主编：王保华

编委会成员：尹英俊　尹曾花　付晓霞

　　　　　　刘　军　刘桂琴　刘　静

　　　　　　张　瑜　庞　博　姜　磊

　　　　　　潘宏竹

　　　　　　（按姓氏笔画排序）

总序

千秋基业，教育为本；源浚流畅，本固枝荣。

什么是校园文化？所谓"文化"是人类所创造的精神财富的总和，如文学、艺术、教育、科学等。而"校园文化"是人类所创造的一切精神财富在校园中的集中体现。"和谐校园文化建设"，贵在和谐，重在建设。

建设和谐的校园文化，就是要改变僵化死板的教学模式，要引导学生走出教室，走进自然，了解社会，感悟人生，逐步读懂人生、自然、社会这三部天书。

深化教育改革，加快教育发展，构建和谐校园文化，"路漫漫其修远兮"，奋斗正未有穷期。和谐校园文化建设的研究课题重大，意义重要，内涵丰富，是教育工作的一个永恒主题。和谐校园文化建设的实施方向正确，重点突出，是教育思想的根本转变和教育运行机制的全面更新。

我们出版的这套《和谐校园文化建设读本》，全书既有理论上的阐释，又有实践中的总结；既有学科领域的有益探索，又有教学管理方面的经验提炼；既有声情并茂的童年感悟，又有惟妙惟肖的机智幽默；既有古代哲人的至理名言，又有现代大师的谆谆教诲；既有自然科学各个领域的有趣知识，又有社会科学各个方面的启迪与感悟。笔触所及，涵盖了家庭教育、学校教育和社会教育的各个侧面以及教育教学工作的各个环节，全书立意深邃，观念新异，内容翔实，切合实际。

我们深信：广大中小学师生经过不平凡的奋斗历程，必将沐浴着时代的春风，吸吮着改革的甘露，认真地总结过去，正确地审视现在，科学地规划未来，以崭新的姿态向和谐校园文化建设的更高目标迈进。

让和谐校园文化之花灿然怒放！

本书编委会

目 录

一、论哲学 …………………………………………… 001

二、论文学 …………………………………………… 030

三、论人事 …………………………………………… 045

四、论情爱 …………………………………………… 073

五、论心理学 ………………………………………… 078

六、论美学 …………………………………………… 106

七、论艺术 …………………………………………… 111

八、论政治 …………………………………………… 116

九、论社会 …………………………………………… 123

十、论历史 …………………………………………… 134

十一、论伦理 ………………………………………… 150

十二、论马克思主义 ·· 157

十三、其他 ·· 165

十四、拾贝 ·· 170

附录 1　萨特生平 ·· 174

附录 2　萨特的存在主义哲学简介 ························· 185

附录 3　萨特个性考略 ·· 195

参考文献 ·· 202

一、论哲学

哲学的第一步应该把事物从意识中逐出。

——《存在与虚无》

哲学首先是"上升"的阶级借以获得自我意识的一种方式。

——《辩证理性批判》

"哲学真了不起。"真理是从天上降落人间的。而这种技巧——哲学，就是要使更多的真理从天上降落人间。

——《爱情与思想》

只要产生和掌握一种哲学并受这种哲学指导的实践还有生命，那么这种哲学仍然是有效的。……当它们所反映的那个历史时期还没有被超越时，它们是不可能被超越的。

——《辩证理性批判》

存在不是"众多结构中的一个结构"，也不是对象的某个环节，而是一切结构和一切环节的条件本身，它是现象的各种特性赖以表现的基础。

——《存在与虚无》

存在是被理智确定的，被孤立、禁锢在它的规定本身中的。

——《存在与虚无》

因为存在超越自身，也就是说，它归根结底是它自己超越的起源，它应该反过来向理智显现它是什么，而理智是把它禁锢在自己的规定中的。

——《存在与虚无》

它存在，因为它在它并没有选择过的条件下显现。……它存在，因为它被抛到一个世界之中，弃置于一种"处境"之中，它存在是因为是纯粹的偶然性。……它存在，因为在它自身中有某种它并不是其基础的东西：它面对世界的在场。

——《存在与虚无》

存在处处皆在而又无一处可在：无论人们企图在哪里捕捉它，它都与人们相对而在，它都逃遁远离。

——《存在与虚无》

存在处处对立于我，包围着我，它压迫着我，它缠绕着我，并且我永远被存在推到存在。

——《存在与虚无》

要是我不照镜子，尽管摸到自己，我也不能肯定我究竟是不是真的存在。

——《间隔》，《萨特研究》

无论查理六世的这幅肖像是否完全酷似，无论查理王是死是活，甚至无论他是否存在过，这幅肖像都是某种现存于世界中的东西。

——《想象心理学》

存在不是必然存在，只不过是在这里；存在物出现了，让人遇见了，可是我们永远把它们推论出来。……一切都是没有根据的，这所公园、这座城市和你自己，都是。……我是偶然出现的，我的存在像一块石头、一株植物、一个细菌一样。

——《厌恶及其他》

我们太受认识至上幻觉的影响，以致立即就把意识的意识当作斯宾诺莎式的观念的观念，就是当作认识的认识。

——《存在与虚无》

如果我们想避免无穷后退，意识就必须是自我与自我之间一种直接的，而非认识的关系。

——《存在与虚无》

我的现实意识中的所有意向都是指向外面，指向世界的。

——《存在与虚无》

一切有意识的存在都是作为存在着的意识存在的。

——《存在与虚无》

正如广延对象不得不按空间三维存在一样，意向、快乐、痛苦都只能作为对自身的直接意识而存在。意向的存在只能是意识，否则意向就会成为意识中的物件。

——《存在与虚无》

意识并非作为某种抽象可能性的个别例证而产生，而是在从存在内部涌现出来时，意识创造并保持着它的本质，就是说调配着它的各种可能性。

——《存在与虚无》

意识的特征就在于它是存在的减压。

——《存在与虚无》

意识在任何情况下都不能阻止自己存在，然而它对自己的存在却负有完全的责任。

——《存在与虚无》

任何意识，即便是上帝的意识，都不能"看见背面"，即把整体看成整体。因为如果上帝是意识，它就是与整体合为一体的。

——《存在与虚无》

从动作这概念开始，意识就能退出它意识到的整个世界并脱离了存在的地基以便明确地靠向非存在的地基。只要存在的东西在它的存在之外被考察，意识就永远从存在返回到存在，而在存在中不可能找到发现非存在的动机。

——《存在与虚无》

任何事实的状态都不能规定意识来给它下定义和给它划定范围。

因为，正如我们所知，斯宾诺莎"一切规定都是否定"的公式仍然是正确的。

——《存在与虚无》

当一个意识被过去化时起，它就是我在"曾是"的形式下应是的东西。从此时起，每当我回到我昨天的意识上时，它都保持着它的意向性意义和主观性意义，……它被凝固了，和物一样是外在的东西，因为"过去"是自在的。

——《存在与虚无》

焦虑、孤立无依和责任悄悄地或突然地组成了我们意识的质，因为我们的意识是单纯的自由。

——《存在与虚无》

如不打破结构，如不割断联系，不使演变停顿下来，不破坏连续性，将这种物质的肖像消解在意识的综合性结构中便是不可能的。意识本身就会不再是清晰明白的。其统一体也就会被同化的、密不透风的屏障搞得支离破碎。

——《想象心理学》

在综合意识活动的基本要素之中，便时常会出现某种结构；这些结构，我们将称之为想象性意识。这些结构的产生、发展与消亡，其依据在于与之相适应的而我们又将力求加以确定的法则。想象性意识的这种活动是持续的、有机的和分散的，而这种意识的对象则是可以大致保持不变的。

——《想象心理学》

一种意识，是不能通过其模糊的和无意识的表现而维系于并从属于另一种意识的。在两种意识之间，并无因果关系。

——《想象心理学》

意识完完全全就是综合，是完全独立的。

——《想象心理学》

一种意识并不是另一种意识的原因，它只赋予它以活力。

——《想象心理学》

意识在假定上被认为是一种限定能力，具有某种摆脱了游戏并容得那种现象盲目连续展开的效能。

——《想象心理学》

所有的思想都束缚和制约着意识；而意识则玩味着思想并在考虑到思想的同时使之完备。

——《想象心理学》

思想是一个虚无，它只是一个想象的存在，是一种类型的存在。

——《影像论》

思想有可能陷在任意的圈套之中，这种圈套促成了各种各样的要求，而对我们的清醒思想的对象却持一种完全不同的态度。

——《想象心理学》

思想总是要在意象的物质性中被吞噬掉，因而通过渐变成为另一意象而消失掉。

——《想象心理学》

反思一点也不比被反思的意识更优越：并非反思向自己揭示出被反思的意识，恰恰相反，正是非反思的意识使反思成为可能：有一个反思前的我思作为笛卡儿我思的条件。

——《存在与虚无》

反思，就是意识到自身的自为。因为自为已是对自我的非正题意识，所以人们习惯于把反思作为一种新的、突然出现的意识，一种注视着反思的意识、与反思紧密结合在一起的意识来表现。这即老生常谈的斯宾诺莎的观念。

——《存在与虚无》

反思者应该通过一种存在关系与被反思者统一起来，反思的意识应成为被反思的意识。

——《存在与虚无》

反思要求反思者是被反思者，假如反思是断然无疑的明晰事实的话。然而，在反思是认识的情况下，被反思者则必须是反思者的对象，这就意味着存在的分离。因此，反思者同时必须是和不是被反思者。

——《存在与虚无》

被反思者是反思者的显像，而且为此不断地成为对自我的见证，而反思者是被反思者的见证，而且为此不断地使后者成为自身的显像。

——《存在与虚无》

对我进行反思的人，并不是我不知道的非时间性的纯粹注视，而就是我，绵延的、介入自我性圈子的我，就是与我的历史性一起处在世界危险之中的我。简言之，这种历史性和这世界中的存在以及唯我性的圈子，都是我所是的自为以反思的两重性方式所经历的。

——《存在与虚无》

反思始终是作为重新把握存在的自为的永恒可能性。通过反思，投身于自身之外的自为欲求在自己的存在中内在化，这是为了自我的第二次努力，对它来讲，关键在于为了自身是它所是的。

——《存在与虚无》

反思的动机在于一种对象化的和内在化的同时性的双重企图。

——《存在与虚无》

反思者是被反思者。

——《存在与虚无》

反思是一种认识，……它具有方位性；它肯定了被反思的意识。

——《存在与虚无》

反思者的认识是整体的，是一种稍纵即逝、没有起伏、没有起点，也没有终点的直观。

——《存在与虚无》

反思是由自身流溢出来的、没有解释的认识。同时，它从不对自身感到惊异，它对我们毫无教益，它仅仅提出来问题。

——《存在与虚无》

反思者自身就是它的过去和将来。

——《存在与虚无》

如果反思从它的过去和将来那里获取意义，它便作为一种流逝之流逝而存在了。

——《存在与虚无》

我之所以在以反思的方式回忆我的情感与过去之思想时犯一些错误，那是因为我是处在记忆的范围内：在这个时刻，我不再是我的过去，而我却使过去正题化。

——《存在与虚无》

在世的人的反思意识在日常存在中是面对心理对象而存在的，这些心理对象是它们所是的，它们在我们的时间性的绵绵不绝的网络之上出现，如同挂毯上的图案和花纹，它们按照世界事物的方式在普遍时间中相继而来。

——《存在与虚无》

人的实在的这种出神性质，如果不是从出神状态的意识中产生，那它就要堕入物化了的浑浑噩噩的自在之中。应该从我思出发，这是千真万确的，但是，人们在谈到我思时，就好像是在拙劣地模仿一种著名格言，只要我们一说，就走样了。

——《存在与虚无》

我思的深刻含义实际上就是重新投向自我之外。

——《存在与虚无》

我思从来只是提供人们向它要求的东西。

——《存在与虚无》

笛卡儿从我思的功能形态："我怀疑，故我思"，对我思进行过质疑，但由于他企图从这一功能形态过渡到存在的辩证法而不凭借导引线索，他陷入了实体论者的错误。

——《存在与虚无》

胡塞尔从他（笛卡儿）的错误中获得教益，小心翼翼地停留在功能描述的范围内。于是，他永远没有超出过对如此这般的显像的纯粹描述，他关闭于我思之中。

——《存在与虚无》

认识在其观念形成的形式上并不取代那种动摇不定的材料。作为认识，它并不能弥补直观的缺陷。

——《想象心理学》

认识总是关于秩序或规则的一种空洞的意识。但认识最初通常是面对这种秩序并通过这种秩序而面对对象的；而且，它也将此看作是"支撑着秩序的东西"，亦即是一种关系。

——《想象心理学》

认识不是别的，只是存在面对自为的在场，……认识根本上是出神的存在。

——《存在与虚无》

虚无永远是一个彼在。

——《存在与虚无》

虚无就是存在的洞孔，是自在向着自为由之被确立的自我的堕落。

——《存在与虚无》

虚无仿佛蛆虫那样，潜伏在存在者之中，潜伏在其心中。

——《存在与虚无》

知觉的对象不断地充实着意识；而意象的对象则不过是人对它所具有的意识，它是受到这种意识所局限的。

——《想象心理学》

在知觉的世界中，每一个"事物"都与其他事物有着无限多的关系。而且，更为重要的在于构成事物本质的便是关系的这种无限性——以及这一事物诸要素之间的无限多的关系。

——《想象心理学》

在非人格化的情形下，知觉依旧完整无缺，事物也似乎并未改变，而世界却异乎寻常地变得枯竭了。

——《想象心理学》

意象自来是与它所再现的物质对象相似的。

——《想象心理学》

意象是一种综合活动；这种活动将实际较有代表性的要素结合在一起，形成一种具体的、非想象的认识。

——《想象心理学》

意象却又并不启示什么，并不产生新的印象，而且也不会揭示出对象的概貌。它完全是陈述。没有什么危险，没有什么预先的期待，只有确定无疑。

——《想象心理学》

意象包含了某种虚无。其对象并不是单纯的肖像；它是表现了自身的，但在表现自身之时，它却破坏了自身。无论意象怎样生动、怎样令人动情或怎样有力量，它所展示出的对象都是不存在的。

——《想象心理学》

意象并不是一种条件，并不是一种固态的、无光泽的沉渣，而就是一种意识。

——《想象心理学》

意象也就是一种纯粹的幻象，一种通过现象而得以实现的游戏。

——《想象心理学》

意象具有一种诱惑力，这种诱惑力是带有欺骗性的，而且来自于基本性的模糊不清。

——《想象心理学》

说意象会损害或妨碍思想是不合情理的，因为这肯定会被认为是说思想会伤害自己，会在迂回曲折和偏僻的小路上遗失掉。事实是，在意象与思想之间并无对立。

——《想象心理学》

"存在即被感知"——要是镜子也撒谎怎么办呢？或者，要是我闭上眼睛，不肯看你，你的美貌又能有什么用处？

——《间隔》，《萨特研究》

影像恰恰是在感觉素材之间，它不能算是客观的东西。影像，就是主观性。

——《影像论》

影像是一种观念，它是灵魂在受肉体触动的机会上做成的。

——《影像论》

如果人们要使影像摆脱意识，那么就要夺去意识的全部自由。如果人们使影像进入意识，那么，整个宇宙其中连同影像和意识就一下子凝结到一起了，就像一种过饱和的溶液一样。

——《影像论》

在心灵中，只存在着印象和这些印象的复本，它们就是观念，静止地保存在心灵之中。

——《影像论》

由外部客体所引起的大脑运动，……在精神上可以唤醒观念；观念不是来自运动，而是人天生就有的；只是由于运动的机会，才出现在意识里。

——《影像论》

清楚的观念寓于模糊的观念之中，它们是无意识的，是没有被觉察到的感知；唯一觉察到的是它们的总和。

——《影像论》

动机并没有时空事物的外在性，它总是属于主观性的，总被理解为我的动机，但从根本上说，它是内在性中的超越性，意识正由于设定了它而不归于它，因为现在正是应该由意识去赋予它意义和重要性。

——《存在与虚无》

动机从过去中引发出来并且在意识转向过去的过程中，意识给予它的重量和价值。

——《存在与虚无》

我意识到促使我活动的一些动机，这些动机对我的意识来说就已经是超越的对象，它们是外在的；我要把自己和它们联在一起的企图是徒劳的，我由于我的存在本身而脱离了它们。我命定是为着永远超出我的本质、我的动作的动力和动机而存在；我命定是自由的。

——《存在与虚无》

动机作为纯粹的心理材料，会在我没有觉察它之前就诱发出我活动的意义。动机、活动、目的构成了一个连续体、一个充实体。

——《存在与虚无》

把动机叫做对被规定的处境的客观把握，因为这种处境在某种目的指引下被揭示，表明能作为达到这种目的的工具。

——《存在与虚无》

远不是动机决定行动，动机只是在行动的谋划中并通过这个谋划显现出来的。

——《存在与虚无》

过去的动力，过去的动机，现在的动机和动力，将来的目的通过存在于动机、动力和目的之外的自由的爆发本身而组成一个不可分割的统一体。

——《存在与虚无》

运动就好像是一些信号，这些信号在精神中引起某些感觉。

——《影像论》

运动开始了，模糊不清的漩涡出现了；这些无需确定的轮廓便能创造出光彩夺目的形式。

——《想象心理学》

运动是以质的恒常性为前提的。运动是在别处也依然不变质的这个的纯粹位置变化。

——《存在与虚无》

运动并不更多地存在；它是既不能达到消失，也不能达到完全存在的一个存在的最少存在；它是自在内部未分化的外在性的涌现。

——《存在与虚无》

由于运动，空间在时间中产生；运动划下的线，是对自我的外在性的踪迹。这线和运动同时消失，并且空间的时间统一，这幽灵连续地消失到非时间的空间中。

——《存在与虚无》

如果没有运动，普遍时间的现在一维将是不可把握的。正是运动把普遍时间规定为纯粹的现在。……它在过去早已不再是什么，而是一条渐趋消失的线、消散的轨迹；它在将来根本不存在，因为它不可能是它自己的计划；它就像墙上的壁虎那样顽强不懈地进展。此外，它的存在具有瞬间那种无法把握的模棱两可性。

——《存在与虚无》

在时间的进展之流中没有过中断点，否则我们就要回过来接受一种无法接受的观点，即时间是无限可分的，而时间的点或瞬间则是分割的极限。同样，不可能突然插入一个不透明的成分像用刀切水果一样把在前和在后分开。

——《存在与虚无》

时间性明显地是一种有组织的结构。过去、现在、将来这所谓的时间三要素不应当被看作是必须凑合在一起的"材料"的集合……而应当被看作是一个原始综合的有结构的诸环节。否则，我们首先就会碰到这样一个悖论：过去不再存在，未来尚未存在，至于瞬间的现在，众所周知，它根本不存在，它是一个无限分割的极限，如同没有体积的点一样。

——《存在与虚无》

时间是一种幻觉，编年史掩盖着可扣除性的一种具有严格逻辑性的次序。如果未来在世界的地平线上展现出轮廓，这仅仅是由某个就是它自身固有的未来的存在所致。

——《存在与虚无》

时间性首先是个系列。系列反过来又可以作为一种次序，而自我确定下来，这次序的排列原则就是前一后的关系。

——《存在与虚无》

"前一后"顺序定义的确定首先是取决于不可逆转性。人们之所以把一个系列称作连续的，是因为人们只能一个一个地考察其中诸项，并且只能从一个方向上去考察这些项。

——《存在与虚无》

小说家和诗人们所强调的正是时间的这种分离性，他们同样强调一种属于时间动力学范围的相近的观念：即一切"现在"都注定要成为一种"过去"。时间在消蚀着，具有分离性，它在分离，在逃逸。

——《存在与虚无》

时间被选择出来是为了作为距离的实际量度。

——《存在与虚无》

世界和人们的一种时间的观念必将消散成为之前和之后的一种碎屑。这一碎屑的聚合，时间的原子，就是瞬间；……瞬间是不可分的，是非时间的。因为时间性是连续性；然而世界却分崩离析为无穷瞬间的尘埃。

——《存在与虚无》

或者我们悄悄而又隐晦地把非时间性的东西进行时间化；或者，如果我们精心地保持着它的非时间性，那么时间将会变成一种纯粹的人类幻想，一种梦境。实际上，如果时间是实在的，那上帝就应该"等待着糖的融化"；就应该在彼处的未来之中，在昨天的过去之中，以便使诸环节联系起来。

——《存在与虚无》

如果人们将上帝的全知性建立在它的超时间性上，那么上帝就丝毫没有必要等待着糖的融化以便看到它将要融化。但是这样等待的必要性以及因之而生的时间性，就只能代表由人类终极性导致的一个幻想，年代的顺序只不过是一种逻辑性的永恒的顺序的混乱概念。

——《存在与虚无》

时间是一种广漠的流逝的连续性。

——《存在与虚无》

瞬间只是精神的一瞥。

——《存在与虚无》

所谓空间，恰恰就是整体向着集合，连续向着间断的这种永恒逐渐消逝。空间其实不可能是一个存在，它是相互没有任何关系的各存在之间的一种运动关系。它是各自在的完整独立性，……是一些存在能据以向使关系进入世界的存在，表明自己是没有任何关系的唯一方式，即空间是纯粹的外在性。

——《存在与虚无》

空间不是世界，而是被当作整体的世界的不稳定性，因为它总能被分解为外在的多样性。空间既不是基质也不是形式，而是基质的理想性，因为基质总能分解为形式。空间既不是连续，也不是间断，而是由连续向间断的永恒过渡。

——《存在与虚无》

所谓自由，首先就是要使自己的生存从万物中分离出来的那股力量，即那股要说一声"不"的不可克制的力量。

——《人的远景》

自由完全依赖于他人的自由。而他人的自由，又依赖于我们的自由。当然，自由作为人的规定，是不依赖于他人的。但是，只要有牵涉存在，我就不得不在要求我自己自由时，同时也要求他人有自由。

——《存在主义是一种人道主义》，《人道主义、人性论研究资料》

……我在周围只看见已被奴役的自由，它正试图从固有的奴役中解脱出来。今天我们的自由仅仅是自由选择为了自由而斗争。

——《萨特研究》

对于自我认识和自我理解着历史的人来说，这种实践的自由只能把自己看成经常而具体的奴役条件，这就是说，这种实践的自由只有通过这种奴役而且由于这种奴役，把这种奴役看作使自由成为可能的东西，看作是自由的基础，才能解释自己。

——《辩证理性批判》

自由是不能被限制的，因为它没有轮子。它既无爪子，也无颌可放嚼子，由于它决定于自身的行动，它的限制存在于这种行动的肯定的，必然是完成了的性质之中。

——《答加缪书》，《萨特研究》

只有自由才能从总体上阐明一个人所作所为，说明这种自由在与命运搏斗时，起初被一些灾难所压垮，而后又转过来，逐渐地消除它们。

——《圣徒谢奈》，《战后》

人们确实不能通过强制、眩惑或者恳求来诉诸一个作为自由而言的自由。为了能诉诸自由，只有一个方法：首先承认它，然后对它表示信任，最后用它自己的名义，用人们给予它信任的名义，要求它完成一件行为。

——《为什么写作》，《萨特研究》

我们是自由的，但是我们需要解放自己，因此自由必须起来反抗异化。

——《七十岁自画像》，《萨特研究》

关于自由的理论如果它不同时解释什么叫异化，自由在何种程度上会受到摆弄，偏离正道，转过来反对它自己，这样一个理论可能会十分残酷地欺骗某一个不了解这个理论全部内容并且相信自由是无所不在的人。

——《七十岁自画像》，《萨特研究》

自由一旦在人的心里点燃了明灯，上帝在他身上便失去威力。

——《萨特研究》

处在彻底的孤独中，全部责任由自己来承担，难道不正揭示出我们自由的本相吗？

——《萨特研究》

每个范畴都是一种朝着自我徒然进行自我投射的方式，都是在某一虚无之外的成为人们所定的一种方式。

——《存在与虚无》

性质是有助于规定我的人格的对先天精神或后天知识的一种安排。

——《存在与虚无》

与随意自由相悖的，并不是决定论，而是必然性，甚至可以说，必然性由于不是在物质的世界中可以把握到的，因而在其位置上也就完全处于意识领域之中。

——《想象心理学》

偶然性在它被外在地分割的奇妙团块之外表现了每一种心理对象的意向，它在统一了诸心理对象的奇妙关系之外，表现了每一个对象要从未分化岛屿这一特性中孤立出来的意向；因此它是对应着心理的有节奏绵延的暗含着的空间。

——《存在与虚无》

没有期待，没有未来，没有无知状态，就不会有客观性。

——《为什么写作》，《萨特研究》

任何否定都包含着肯定的繁荣。

——《答加缪书》，《萨特研究》

否定将在判断行为的"终点"，而不在存在"之中"。它像夹在两个充实的实在之间的一个非实在物，而这两个实在都不要它，被考问的否定的自在存在把它推给判断。

——《存在与虚无》

否定是具体心理活动的结果，共存在由这些活动本身支撑着，没有自己存在的能力。

——《存在与虚无》

否定是对存在的拒绝。一个存在（或一种存在方式）通过否定被提出来，然后被抛向虚无。如果否定只是一个范畴，如果它只是随意地印在某些判断上的印戳，那么如何解释它能使一个存在虚无化，使存在突然涌现出来，并给它命名以便把它抛向非存在呢？

——《存在与虚无》

否定是一个连续性的突然中断，它在任何情况下都不可能是先前肯定的结果，它是一个原初的不可还原的事件。

——《存在与虚无》

两个点和连接它们的线段具有德国人称为"格式塔"的那种不可分割的统一。否定是实现这种统一的纽带。……否定正是这个量度存在的理由。

——《存在与虚无》

价值是对人的自由的要求和呼吁，并且是自由的本来目的。

——《存在主义美学》

价值好比一团旋风，把各种意识形态、各种异化都卷进去了。……自己的价值正在于我能感到其他人感不到的偶然性。

——《七十岁自画像》，《萨特研究》

如果每一种价值都将其理想的本性建筑在其存在的基础上，就会因此而不成其为价值，就会实现我的意志规律。价值是从其要求中获得其存在的，而不是从其存在中获得其要求的。

——《存在与虚无》

在我介入的这个世界中，我的活动就像驱使山鹬出巢那样，促使价值显露出来。我的义愤使我得到了反面价值"卑鄙"，我的欣悦使我得到了正面价值"高尚"。

——《存在与虚无》

价值就像禁止践踏草坪的告示之类一样，化为成千上万实在细小的要求，布满了我面前的道路。

——《存在与虚无》

价值是一切超越的不受限制的彼在。

——《存在与虚无》

真理在发展着，它过去和将来都是发展的。这是一个总汇，它不断地总括一切：个别的事实，当它们不是通过各式各样部分的总体性的中介而被归入发展着的总汇之中的时候，是毫无意义的，既不是真的，也不是假的。

——《辩证理性批判》

真理始终有待寻找，因为它是无穷无竭的。这不是说人们不能获得一些个别真理。

——《七十岁自画像》，《萨特研究》

真理的标准仍然是思想与其对象的相符，而非表象间的一致。

——《存在与虚无》

奴隶是主人的真理。

——《存在与虚无》

真理的自为的存在并不可靠。为了达到真理，需要有一个环节，在这个环节中，主人对他自己做的，就是他对别人做的，而且，奴隶对别人做的，就是他对他自己做的。

——《存在与虚无》

辩证法本身的一种半透明性。这种半透明性来于辩证法所不可分地联系起来的东西，即思维的存在和存在的思维。

——《科学和辩证法》，《外国哲学资料》

辩证法，作为存在又作为方法，从总体的观念来看，是可以具有一种意义深远的可理解性而且是半透明性的，被视为心身相关的总体化过程的个人，是被整个历史总体化过程所总体化了的。

——《科学和辩证法》，《外国哲学资料》

辩证法的规律没有三条，也没有十条，有的只是一个自我决定的辩证法。

——《科学和辩证法》，《外国哲学资料》

笛卡儿唯理论本体论的错误，就是没有看到，如果以存在先于本质来定义绝对，就不可能设想绝对是实体。意识没有实体性，它只就自己显现而言才存在。

——《存在与虚无》

古典感觉理论的结构，恰是"说谎者"的犬儒主义论证的结构，在这结构中，正是因为克里特岛人说实话他才感到他在说谎。

——《存在与虚无》

决定论——如果人们注意不让它与宿命论相混淆的话——是比自由意志论"更有人情味"的理论。……它就是指出了，我们动作的理由就在我们之中：我们行动，就像我们存在一样，我们的活动有助于造就我们。

——《存在与虚无》

决定论的局限——我们远远不能按照我们的意愿来改变我们的处境，似乎我们自己也不能改变我们自己。我不能自由地逃避我的阶级、民族和我的家庭的命运，甚至也不能确立我的权力或我的命运，也不能自由地克服我的最无意义的欲念或习惯。

——《存在与虚无》

决定论的局限——一个生命的历史，无论它是怎样的，都是一部失败的历史。事物的敌对系数是如此之大，以致需要耐心地等好多年来才得到一个最微不足道的结果。还需要"服从自然以便支配自然"，也就是说将我的行动插入决定论的网络之中。尽管人看起来是"自己造就"的，然而他似乎仍是通过气候和土地、种族和阶级、语言、他所属的集团的历史、遗传、孩提时代的个人境况、后天养成的习惯、生活中的大小事件而"被造成的"。

——《存在与虚无》

弗洛伊德和我们一样，认为一个活动不会仅限于它本身，它直接归结到更深的结构。而精神分析说是能够阐明这些结构的方法。

——《存在与虚无》

对于精神分析说，将来的一维是不存在的。人的实在丧失了他的出神之一，它应当通过从现在出发向过去的倒退来得到解释。同时，由自己的活动赋予意义的主体的基本结构对主体来说并无意义，而是对一个使用推论方法来解释这些意义的客观见证人包含有意义。

——《存在与虚无》

上帝的创造物和人类伟大的作品是一脉相承的。彩虹在雾气腾腾的瀑布中闪烁，在福楼拜作品的字里行间闪闪发光，也在伦勃朗透明阳影的画幅上荧荧发亮，这道彩虹就是灵魂。灵魂向上帝赞扬人类，向人类显示上帝。

——《文字生涯之读书》

我已经有了自己的宗教信仰：在我看来，没有任何东西比书更为重要。我把书房看作教堂。作为教士的子孙，我生活在世界屋脊之上。

——《文字生涯之读书》

我正视自己的命运，清楚地看到我的命运不是别的，正是自由，正是我自己所确定的自由。

——《文字生涯之读书》

以前我的日子天天一个样，有时不禁生疑，我是否注定要过千篇一律的倒退日子。现在，日子本身没有起多大的变化，还是照旧哆哆嗦嗦地消逝。但是，日子在我身上的反映起了变化，不再是时间朝我静止的童年倒流，而是我好似奉命射出的箭，穿破时间，直飞目的。

——《文字生涯之写作》

这种纯粹的自我选择使我升华而不凌驾于他人之上。既无装备，又无工具，我全心全意投身于使我彻底获救的事业。如果我把不现实的救世观念束之高阁，还剩什么呢？赤条条的一个人，无别于任何人，具有任何人的价值，不比任何人高明。

——《文字生涯之写作》

全部错误在于：人们是用综合观念到达影像，而不是从有关影像的反思那里获得某种综合观念……影像是一种活动，而不是一个物。影像是对某物的意识。

——《想象》

外在对象引起的大脑运动，尽管它们并非相似，还是在灵魂中唤起观念。各种观念并不来自运动，它们在人那里是天赋的，但观念正是趁运动之机而在意识中显现。诸多运动犹如一些在灵魂中引发某些情感的符号。

——《想象》

既然在任何情况下，都存在大脑运动，那笛卡儿的理论就不能区分回忆或虚构的各种感觉，而动物精神就被来自外部世界、来自身体，甚至灵魂的刺激所震撼。唯有判断和知性能够根据影像的理智和谐去决定哪些影像与实存着的对象相当。

——《想象》

想象——或凭借影像的认识——和知性之间存在着深刻差异。想象可能造成错误的观念，并且只是断章取义地表示真理。

——《想象》

因此，影像和观念之间存在着差异，这种差异几乎可以归结为数学差异：影像具有"无限"之"不透明性"，而观念则具有有限和可分析的数量的清晰性。二者都是表达的。

——《想象》

在心灵中，只存在着作为观念并且通过某种惰性保留在心灵中的印象，以及这些印象的各种摹本(copies)。观念和印象在本质上没有区别，这就使得知觉自身与影像没有区别。

——《想象》

从想象层次到观念层次的过渡总是一蹴而就：其中存在一种最初的断裂，这种断裂必然包含着一种革命，或者如人们继续说的一种哲学的"皈依"。如此彻底的革命提出了主体的同一性问题本身；也就是说，按心理学的术语，应该有一种特殊的综合形式以在同一个意识之中连接思考蜡块的我和想象蜡块的我，在肯定"这是同一个对象"的同一性中，同时连接被想象的蜡块和被思想的蜡块。

——《想象》

和影像王国完全不同的思维王国——纯粹影像的世界——一个事实——影像的世界，在这个世界后面，应该重新找到一种只是间接显现的思维，就如同人们能够在影像天地中所能观察到的组织和目的性的唯一可能的原因（就有点像在心理—神学分析中，上帝从世界次序中所总结的）：这就是我们传统哲学三大流派向我们提出的三种出路。

——《想象》

二、论文学

文学对象是一头奇怪的陀螺，它只存在于运动之中。

——《为什么写作》，《萨特研究》

任何文学作品都是一项召唤。

——《为什么写作》，《萨特研究》

没有黑色文学，因为不管人们用多么阴暗的颜色去描绘世界。人们描绘世界是为了一些自由的人能在它面前感到自己的自由。

——《为什么写作》，《萨特研究》

文学始终以某种方式与亲历打交道。

——《七十岁自画像》，《萨特研究》

文学不是单义的；语言艺术家有一种本事，他巧妙地遣词造句，结果他用词的意义随着他为它们安排的照明强度和赋予它们的分量的不同而变化……每次都在不同的层次上。

——《七十岁自画像》，《萨特研究》

精神产品这个既是具体的又是想象出来的对象只有在作者和读者的联合努力之下才能出现。

——《为什么写作》，《萨特研究》

作家向读者的自由发出召唤，让它来协同产生作品。

——《为什么写作》，《萨特研究》

坏小说是这样一种小说，它旨在阿谀奉承，献媚取宠，而好小说是一项要求，一个表示信任的行为。

——《为什么写作》，《萨特研究》

我们在我们自己的作品中所能找到的永远只是我们自己……我们在作品里认出来的是我们自己的历史、我们的爱情和我们的欢乐。

——《为什么写作》，《萨特研究》

是我们的灵感和我们的狡黠，甚至当我们试图去感知我们的作品的时候，我们仍在创造它，我们仍在心里重温产生这个作品的各项操作，而作品的每一方面对我们来说都好像是一个结果。

——《为什么写作》，《萨特研究》

小说世界，即物和人的存有的总汇，正是如此：为了使得这一世界具有最大密度，那就必须让读者藉以发现它的这个揭示——创造过程也是想象当中的投入行动过程；换句话说，人们越对改变它感到兴味，它就越显得生动。现实主义的谬误在于它曾相信，只要用心观察，现实就会展现出来，因此人们可以对现实作出公正的描绘。

——《为什么写作》，《萨特研究》

不管作品描绘的人类有多恶毒、绝望，作品也必须有一种豪迈的神情。当然不是说这一豪情应该由旨在感化人的说教或由敦品励行的人物来体现，它甚至不应该是蓄意安排的，而且千真万确人们带着善良的感情是写不出好书来的。但是这个豪情应该是书的经纬，应该是人与物从中受型的原材料：不管写什么题材，一种本质性的轻盈应该无所不在，提醒人们作品从来不是一个天生的未知数，而是一个要求，一个奉献。

——《为什么写作》，《萨特研究》

如果有朝一日作品对于作者本人也具有某种客观性的外表，那是因为岁月流逝，作者已忘掉自己的作品，他不再进入作品内部，而且很可能不再有能力写出这部作品。

——《为什么写作》，《萨特研究》

小说家、诗人、剧作家正是借助于与词近似物构成了一种非现实的对象。

——《想象心理学》

在诗歌中，语言不凭借意味连接起来，而是作为物共存着。在散文中，语言使人脱离自身而投向世界之中。诗人则是在语言之外从世界脱离出来，眺望着映现在镜子里的世界和自我。

——《谢奈论》，《存在主义美学》

愈是给予语言以独立性，它就愈是像物，受到语言自律性的制约愈少，愈把自然的必然性形象化。如果自然是自由活动的，存在将在那里被捕捉并反映出来。

——《谢奈论》

语言学家们的研究在这里可能进行了欺骗：他们的统计将一种既

定类型的语音的或语义的一些恒常的东西和畸变公之于世，它们使一个既定时期内的音素和词素变化得以重新形成，因此似乎词和句法规则是带有其意义和历史的个别的实在，而其实，诸个体似乎对语言进化的影响不大。诸如侵占、交流的广泛渠道，商业关系等社会事实似乎是语言变化的本质原因。但是，这是由于人们并未处于具体的东西的真正基础上，所以人们只根据自己的要求而得到报偿。

——《存在与虚无》

词不是语言的具体元素——甚至方言的词，甚至带有特殊畸变的同族词也不是——语言的基本结构是句子。事实上，正是在句子之中，词才获得一种指示的实在功能；在句子之外，当它不是一种旨在集合绝对不一致的意义的标题时，它恰恰具有命题功能。

——《存在与虚无》

在词孤零零地出现在讲话中的地方，它获得了一种"一词表达一整句"的特点。

——《存在与虚无》

在句子的启示下理解词，这严格说来恰恰就是从处境出发，理解任何一个给定物，并且在原始目的启示下理解处境。

——《存在与虚无》

听人讲话，就是"与之说话"，这不仅因为人们摹仿以去理解，而且还因为人们一开始就向着诸多可能去自我设计，人们应该从世界出发去理解。

——《存在与虚无》

词满可能由他自己来注入"生命"，如果人家是从不同时代的句子收集到这个词的话，这个借来的生命就和幻想电影里的自己飞插到梨子上的刀子的生命相似；它是用瞬间的并排列置造成的，它是在电影术和宇宙时间里形成的。但是，如果诸词在人们放映词义的形态学的电影时显现为有生命的，它们不会发展到构成句子；它们只是一些句子通过时留下的痕迹，就像道路只是进香者和沙漠商队通过时留下的痕迹一样。

——《存在与虚无》

现时人们已能够认为正如有一种词汇的、言语动态法则的有生命的秩序一样，有一种逻各斯的非人格生命。总之，言语是一种自然，人应该服从言语以便在某些地方使用它，就像对待自然那样。但是这是因为一旦言语死去，就是说它一旦被说出，人们就已通过给它注入从正在说话的自为的人格自由借来的亲和力和排斥力等非人格的生命和力量，考察了言语。

——《存在与虚无》

字句好比是设下的圈套，它们激起我们的感情然后再把我们的感情向我们反射过来；每个词是一条超越的道路，它知照我们的情感，叫出它们的名字，……为它们提供对象、前景和地平线。

——《为什么写作》，《萨特研究》

当一个语词出现在内在独白中从而转变成一种心理意象时，符号的功能便又被确定为意象。

——《想象心理学》

语词在其含义上只是一种标记：它展示自身，唤起含义；而这种含义却并不回到这个语词之中而要走向实物，语词也就被忽略了。

——《想象心理学》

语言符号并不是纯意义与我们的意识之间的媒介；这一点正像譬如数学中的情形一样：这些符号表现的是我们与那种意象的世界之间相联的区域。

——《想象心理学》

语词通常起的是代表物的作用，而充当成一种符号。

——《想象心理学》

无声独白中的语词并不是意象，而是一种具有符号功能的物理对象。

——《想象心理学》

作家既不预测也不臆断：他在作谋划。他在等待灵感。

——《为什么写作》，《萨特研究》

如果说作家还在犹豫，他却知道未来尚未定局，是他自己将去创造这个未来。

——《为什么写作》，《萨特研究》

对作家来说，未来是一页白纸，而对读者来说，未来则是结局以前那二百页印满了字的书。

——《为什么写作》，《萨特研究》

作家到处遇到的只有他的知识，他的意志，他的谋划，总而言之他只遇到他自己；他能触及的始终只是他自己的主观性，他构造自己创造的对象，他不是为他自己创造这个对象的。假若他重读自己的作品，那也为时已晚了；在他自己眼中，他写下的句子永远不能完全成为一件东西。他走到主观性的边缘但是没有超过这个边缘，他估量一句妙语、一条格言、一个恰到好处的形容词的效果，……他可以对它们做出估价，却不能感受它们。

——《为什么写作》，《萨特研究》

作家的沉默是主观的、先于语言的，这是没有字句的空白，是灵感的混沌一体的、只可意会的沉默，然后才由语言使之特殊化。

——《为什么写作》，《萨特研究》

作家不应当去寻求打动人，否则他就与他自己发生矛盾；如果他有所要求，那么他就必须只是提出有待完成的任务。

——《为什么写作》，《萨特研究》

作家作出的选择是召唤其他人的自由；他们各有要求，通过这些要求在双方引起的牵连，他们就把存有的总汇归还给人，并用人性去包笼世界。

——《为什么写作》，《萨特研究》

作家的世界只有当读者予以审查，对之表示赞赏、愤怒的时候才能显示它的全部深度。

——《为什么写作》，《萨特研究》

不管作家写的是随笔、抨击文章、讽刺作品还是小说。不管他只谈论个人的情感还是攻击社会制度，作家作为自由人诉诸另一些自由人，他就只有一个题材：自由。

——《为什么写作》，《萨特研究》

任何奴役他的读者们的企图都威胁着作家的艺术本身。

——《为什么写作》，《萨特研究》

作家应该在谈论整个世界的同时完整地谈论他自己。

——《七十岁自画像》，《萨特研究》

作家的任务就是运用各种文学形式来表达自己的哲学思想和个人感受。

——《萨特年表》，《萨特研究》

对于读者来说，人物与作者本来会相吻合，这意味的是，最好的了解人物的方法本应该是在他身上寻找出自我的东西。

——《七十岁自画像》，《萨特研究》

阅读就是自由的梦。

——《什么是文学》

阅读即欣赏，是在基督教意义上的受难。

——《什么是文学》

在阅读的时候，也如在剧场里一样，我们实际上是面对着一个世界的；我们所面对的世界，其存在也如我们在剧场里所面对的世界一样，亦即是非现实世界的一种完全的存在。

——《想象心理学》

阅读一部小说也就是假定了意识的一种一般性态度，这种态度大致相仿于看到剧场里帷幕升起的观众的态度。他要准备发现整个一个心理意象世界。

——《想象心理学》

阅读便是在符号上体现出与非实在世界的联系。

——《想象心理学》

鞋匠可以穿上他自己刚做的鞋，如果这双鞋的尺码符合他的脚，建筑师可以住在他自己建造的房子里。然而作家却不能阅读他自己写下的东西。这是因为，阅读过程是一个预测和期待的过程。

——《为什么写作》，《萨特研究》

组成阅读过程的是一系列假设、一系列梦想和紧跟在梦想之后的觉醒，以及一系列希望和失望；读者总是走在他正在读的那句话的前头，他们面临一个仅仅是可能产生的未来，随着他们的阅读逐步深入，这个未来部分得到确立，部分则论为虚妄，正是这个逐页后退的未来形成文学对象的变幻的地平线。

——《为什么写作》，《萨特研究》

读者意识到自己既在揭示又在创造，在创造过程中进行揭示，在揭示过程中进行创造。

——《为什么写作》,《萨特研究》

作者设置的路标之间都是虚空,读者必须自己抵达这些路标,他必须超过它们。一句话,阅读是引导下的创作。

——《为什么写作》,《萨特研究》

阅读是豪情的一种运用;作家要求于读者的不是让他去应用一种抽象的自由,而是让他把整个身心都奉献出来,带着他的情欲,他的成见,他的同情心,他的性欲禀赋,以及他的价值体系。不过这个人是满怀豪情奉献出他自由的,自由贯穿他的全身,从而改变他感情里面最黑暗的部分。

——《为什么写作》,《萨特研究》

阅读是作者的豪情与读者的豪情缔结的一项协定;每一方都信任另一方,每一方都把自己托付给另一方,在同等程度上要求对方和要求自己。

——《为什么写作》,《萨特研究》

写作——要用一种创新的方式去表现一个平庸的论题。

——《萨特其人及其"人学"》

写作,就是我运用语言手段把有计划的揭露移向客观的生存和对读者的呼吁。

——《什么是文学》

文体工夫与其在于锤字炼句，毋宁在于始终在脑子里设想整个场景，整章情节，以至整本书。……如果你没有这个整体，你的句子不是不协调就是无所作为。

——《七十岁自画像》，《萨特研究》

写作肯定起源于秘密，但是不要忘记它不是致力于掩盖这个秘密和撒谎，……从而尽力破除这个秘密——这种情况下它就要求我们与此透明性相符合。

——《七十岁自画像》，《萨特研究》

人们在把自己的情感倾泻到纸上的时候，充其量只不过是使这些情感得到一种软弱无力的延伸而已。创作行为只不过是（一部作品生产过程中）一个不完备的、抽象的瞬间。

——《为什么写作》，《萨特研究》

写作既是揭示世界又是把世界当作任务提供给读者的豪情。

——《为什么写作》，《萨特研究》

写作的自由包含着公民的自由，人们不能为奴隶写作。

——《为什么写作》，《萨特研究》

散文艺术与民主制度休戚相关，只有在民主制度下散文才保有一个意义。

——《为什么写作》，《萨特研究》

著作属于谁，这个问题很复杂。它属于作者，同时又属于读者，双方很难调和。

——《七十岁自画像》，《萨特研究》

一切虚构都可能是一种能动的综合，是一种我们随意的自发性的产物。

——《影像论》

联想的根源是习惯，因而是为习惯强化的。

——《想象心理学》

我们一直在内心深处确信自己"起揭示作用"，另一方面又确信自己对于被揭示的东西而言不是本质性的。

——《为什么写作》，《萨特研究》

用另一个人的眼睛来看自己的作品，等于揭示自己创造的东西。

——《萨特研究》

文学对象虽然通过语言才得以实现，它却从来也不是在语言里面被给予的，相反，就其本性而言，它是沉默和对于语言的争议。

——《萨特研究》

意义不是字句的总和，它是后者的有机整体。

——《萨特研究》

在激情里面，自由是被异化的；自由一旦贸然投入局部性的业举，它就看不到自己的任务：产生一个绝对目的。于是书就成为维持仇恨或欲望的一种手段。

——《萨特研究》

文学创造活动通过它产生或重视的有限几个对象，实际上却以完整地重新把握世界作为它努力的目标。

——《萨特研究》

现实世界只是显示在行动中，由于人们只能在为了改变它而超越它的时候才感到自己置身于世界之中，小说家的天地就会缺乏厚度，如果人们不是在一个超越它的行动中去发现它的话。

——《萨特研究》

一个故事中的一个物件的存在密度并非来自人们对它所做的描述的次数和长度，而是来自它与不同人物的联系的复杂性；物件越被人物摆弄，被拿起来又放下来，简括地说它越是被人物为达到他们自身的目的而超越，它就越显得真实。

——《萨特研究》

有朝一日笔杆子被迫搁置，那个时候作家就有必要拿起武器。因此，不管你是以什么方式来到文学界的，不管你曾宣扬过什么观点，文学把你投入战斗；写作，这是某种要求自由的方式；一旦你开始写作，不管你愿意不愿意，你已经介入了。

——《萨特研究》

虚构的故事与我并不相干，但故事人物怒不可遏的言语有一种外来的力量，在我身上引起一种难以忍受的忧伤，简直能把一个人的生命给毁了：我是否也会感染中毒而死呢？我贪婪地吸收语言的同时，深深地被形象吸引住了，幸亏上述这两起危险彼此排斥，我方始得以逃生。

——《文字生涯之读书》

给每个事物命名，意味着既创造这个事物，又占有这个事物。这是我最大的幻觉。但要是没有这个幻觉，我大概决不会写作了。

——《文字生涯之读书》

我在书丛里出生成长，大概也将在书丛里寿终正寝。

——《文字生涯之读书》

我为写作而写作，但并不后悔。要是我写的东西供人阅读，就会千方百计讨人喜欢，从而再当别人的心肝宝贝。我转入地下后，反倒真实了。

——《文字生涯之读书》

存在，就是对语言的无数规律运用自如，就是能够命名；写作，就是把新的生灵刻画在语言里，或者按我始终不渝的幻觉，把活生生的东西禁锢在字里行间；如果我巧妙地搭配词语，事物就落入符号的网里，我便掌握住事物。

——《文字生涯之写作》

我离开书房，熄灭灯光，书隐蔽在黑暗中，却依然闪着光彩，只为自身闪光。我要使我的著作放射耀眼的光芒；当人类消失，图书馆沦为废墟，我的书仍旧存在。

——《文字生涯之写作》

我们内心的愿望其实是谋求和逃避两者不可分割地结合的产物：写作这件不可思议的事情使我原谅自己的存在。我看到，尽管写作是吹牛皮、说假话，总还有一些现实意义，其证明就是五十年之后的今天，我仍在写作。

——《文字生涯之写作》

我的天职改变了一切，刀光剑影总要消失，文字著作则与世长存。我发现在文学领域内赠予者可能变成他自己的赠予物，即纯粹的物。

——《文字生涯之写作》

我之成为人纯属偶然，成为书则是豪侠仗义的结果。

——《文字生涯之写作》

我可以把我的絮叨和意识铸到铅字里，用不可磨灭的文字代替我生命的嘈杂，用风格代替我的血肉，用千古永生代替我的蹉跎岁月，作为语言的沉淀出现在圣灵面前。总之成为人类不可摆脱的异物，不同于我，不同于其他人，不同于其他一切。

——《文字生涯之写作》

写作是一项长期的、吃力不讨好的工作，这一点我早已知道，反正我有充足的耐心。阅读则是一种娱乐，我急于得到一切荣誉。

——《文字生涯之写作》

三、论人事

对于"人"的概念的考虑不过就是对于一种本质存在的假定。

——《想象心理学》

由于人的存在，才有万物的存在。

——《萨特研究》

人是万物借以显示自己的手段；由于我们存在于世界之上，于是便产生了繁复的关系，是我们使这一棵树与这一角天空发生关联；多亏我们，这颗灭寂了几千年的星，这一弯新月和这条阴沉的河流得以在一个统一的风景中显示出来；是我们的汽车和飞机的速度把地球这一庞大的体积组织起来；我们每有举动，世界便被披示出一种新的面貌。

——《萨特研究》

人与自然——这个风景，如果我们弃之不顾，它就失去见证者，停滞在永恒的默默无闻状态之中。至少它将停滞在那里，没有那么疯狂的人会相信它将要消失。将要消失的是我们自己，而大地将停留在麻痹状态中直到有另一个意识来唤醒它。

——《萨特研究》

对于所有的人来说：铁幕只是一面镜子，世界的两半各自反映着另一半。这儿螺帽动一圈，那边螺丝就旋进一圈，最后，这儿和那边，我们既是拧者又是被拧者。

——《答加缪书》，《萨特研究》

如果人是物，那是对另一个人而言的。正是这两个我也认为是难以理解的思想，即人是自由的，人是人因之而成为物的存在，确定了我们现在的状况。

——《答加缪书》，《萨特研究》

人借以实现自己的紧张局面——这同时也是人的直觉的快乐——因此是一种真正的转变，他使人摆脱日常的"骚动"和"历史性"，以便使他最后与他的命运相一致。

——《答加缪书》，《萨特研究》

人们之间的关系之所以变坏，原因在于每个人都对别人保留某些隐蔽的、秘密的东西，不一定对所有人都作保留，但是对于当时他正与之说话的人有所保留。

——《七十岁自画像》，《萨特研究》

任何时候都应该用透明性来代替秘密，我不难设想人会有这样一天，那时两个人之间彼此将没有秘密，因为他们将对任何人都没有秘密，因为主观生活和客观生活都将一样被完全提供、给予。

——《七十岁自画像》，《萨特研究》

如果我把不可能有的灵魂得救这回事也放到道具仓库里去，那么还剩下什么呢？剩下完完整整一个人，这个人由所有的人组成，他顶得上所有的人，而随便哪一个人都顶得上他。

——《语词》，《萨特研究》

一个人如果他愿意就能社会合理化。实际上任何东西都不能使他合理化，但是大部分人看不到这一点。

——《七十岁自画像》，《萨特研究》

一个人的存在是一个整体，不能分割：内部和外部，主观和客观，个人和政治的必然相互影响，因为它们是同一个整体的不同方面。一个人，不管是什么人，人们只有把他看作一个社会存在才能理解他。任何人都有政治性。

——《七十岁自画像》，《萨特研究》

"孤独的人"，就是说是一个因其思想的独立性而与社会相对抗的人，这个人不欠社会任何情分，社会对他也不起任何作用，因为他是自由的。

——《七十岁自画像》，《萨特研究》

人们只不过是与蚂蚁一样的一个种类而已——要么人将在实现自由社会主义的同时完成他自身。

——《七十岁自画像》，《萨特研究》

为人成为人而必须具备的全部条件，我想，唯一应该做的事情是用全部力量去强调、去支持那些在个别的政治和社会形势中能引来一个由自由的人组成的社会的因素。如果人们不这么做，人们就得接受人是粪土。

——《七十岁自画像》，《萨特研究》

我们不是完整的人。我们正在为确立人的关系和人的定义而努力挣扎。……我们处在前期，我们应该是人或者我们的后来者将成为人，我们正在趋向这个目标。我们把人道主义作为我们身上最好的东西来体验，就是说把它作为我们为超过我们自己，为抵达人的圈子而做的努力。这样我们就能通过我们最好的行为来预告人的出现。

——《新观察家》，《萨特研究》

"哲学家建起了一座思想的宫殿，而自己却居住在茅草屋里。"茅草屋就是他自身。每个人面对其他人和上帝的奇遇，此即克尔凯郭尔所说的存在。这种存在在他看来是悲剧性的，充满着战战兢兢的恐惧和不安。

——《论让－保罗·萨特》，《萨特研究》

一个不断在演戏的家伙。他在人生逢场作戏，自己都认不出自己了，不知自己是什么样的人了。结果，他变得什么人也不是。

——《论让－保罗·萨特》，《萨特研究》

演戏不是为了谋生，而是为了自欺欺人，为了成为自己所不能成为的人。……我们扮英雄，因为我们是懦夫；我们扮圣人，因为我们是恶人……我们粉墨登场，因为不演戏就会发疯。

——《论让－保罗·萨特》，《萨特研究》

多余的人……看到恍惚、沉默、紊乱的单调景物所感到的厌倦和烦恼，无疑是他思想上最直接的反应之一。

——《萨特研究》

我对自己是陌生的。我超乎寻常，违情悖理，既无辩白，也无别的依靠，只有靠我自己。但是，我不会回到你（朱庇特）的法律管束之下，我已被判处为没有别的法律可循。只能遵循我自己的法律了。我不会回到你的大自然中去，大自然里已划出了成千条道路，条条都通往你那儿，但是我只能走我自己的路，因为，我是一个人，而每个人都应该闯出自己的路。

——《苍蝇》，《萨特研究》

觉得自己阴沉而又轻松；他无所牵挂，一切都给人偷走了。我已一无所有，甚至连过去也没有了。但这是一个虚幻的过去，没有什么可惋惜的。

——《延缓》

只有人们自己承认软弱，才是软弱的。

——《萨特研究》

人死了就要受活人的摆布。

——《萨特研究》

只有什么也不干的人，才不会弄脏自己的手。

——《萨特研究》

行动，仅仅是一种姿态而已。

——《萨特研究》

把我自己放到某一个位置上，从那个角度出发我必然会看到我过去不认识的某种类型的真理。我指的是，通过真实的虚构——或者通过虚构的真实——去重新审查我一生的行动和思想，以便努力把它们组成一个整体，仔细察看它们所谓的矛盾和局限……

——《七十岁自画像》，《萨特研究》

自我陶醉是某种自我欣赏、自我爱怜的方式，是人们要在自己做的事情中找到自己为自己想象的那个样子的一种方式。简单说，这是一种与自我发生的经常关系，而这里的自我不尽是那个在说话、思想、做梦、行动的积极的自我，毋宁说是那个积极的自我为基础制造出来的一个人物。

——《七十岁自画像》，《萨特研究》

你对你自己的感情是一种可能不存在的感情，因为它老在那儿，你是你自己的，于是你既是施爱的那个人又是被爱的那个人。除非你引入一些形象，这种感情才可能存在，不过那个时候我们又处在自我陶醉的境地了。

——《七十岁自画像》，《萨特研究》

我不以为自我与自我的关系应该是一种爱的关系。我想爱是自我与其他人之间的真正关系。反过来，不自爱，经常责备自己、讨厌自己，同样妨碍人们充分地占有自我。

——《七十岁自画像》，《萨特研究》

从整体的角度看，社会永远在组织自己，改革自己，重新塑造自己。

——《科学和辩证法》，《外国哲学资料》

人的世界是我们创造和创造我们的世界，在这个世界中我们从已经做成的东西出发，把我们自己创造成既反映他物又创造他物的某种东西。人们一旦离开这个世界和历史的先在性，剩下的就只有一些类比而已。

——《科学和辩证法》，《外国哲学资料》

正如亚里士多德所说的那样，人是一个混合体，是和一个肉体紧密结合在一起的一个思维。没有一种思维不被肉体所玷污。

——《影像论》

肉体，就是人的软弱。思维，可以说是人的尊严。但尊严没有软弱是绝对不行的，思维没有影像绝对不行。

——《影像论》

一种生理学的观念：人是生活在世界上的一个有机体，而思维是由某些需要而发展来的一种器官。

——《影像论》

莱布尼茨的主题：……人是一种有生命的物，影像是一种物，而物也是思维。

——《影像论》

事实上我把我看见的人们凝固化为对象。

——《存在与虚无》

一个人自己愿意做什么人，就是什么人。

——《间隔》，《萨特研究》

人总是死得太早——或者死得太晚。然而，结束了的一生在那儿摆着；像账单一样，已经记到头，得结账了。你的一生就是你的为人，除此之外，你什么也不是。

——《间隔》，《萨特研究》

我们在要求自由的时候，发现自由完全依赖于他人的自由。而他人的自由，又依赖于我们的自由。……我能把自由作为我的目标，这也只有在把他人的自由也作为一个目标的条件下才可能。

——《存在主义是一种人道主义》，《人道主义、人性论研究资料》

才能不是天赋的，而是处于绝望境地的人们所创造的道路。

——《圣徒谢奈》，参见《战后法国的存在主义和马克思主义》

每个个体对于其他所有个体的依附性。……这是每一个对每一个的关系问题，是先于封闭的整体构成的关系，甚至阻止这些整体永远被封闭。

——《外国哲学资料》

自我是一个分裂的原则，就像一把"不透明的刀"，将造成"意识的死亡"。

——《论自我的超越》,《现象学运动》

克尔凯郭尔宣称:黑格尔把世界、也把个人和心灵知识化了,他粗暴地把一切都归于一种不可思议的知识,从而彻底否定了现实存在的人的意义。其后果就是虚构了实在的图景,它给我们一个僵硬的和不真实的世界,它榨取了实在的生命,只剩下一个井井有条的骨头架子,它把一切都还原为绝对知识的诸环节。然而,个人和心灵都有它自己的活动方式,这些方式是知识改变不了的,也是知识概括不了的:人的存在是一种主观生活,它绝不可能作为知识的对象,它在原则上是与认识无关的。

——《辩证理性批判》

神祇与国王都有痛苦的秘密,那就是人类是自由的。……一旦自由在一个人的头脑里爆发开,神祇对这个人也就无能为力了。

——《苍蝇》,《萨特研究》

缄默就是上帝,缺席就是上帝,人的孤独也是上帝。实际存在的,只有我,我独自决断恶行,发现善行。我欺世盗名,伪造奇迹,我现在痛斥自己,同时我也能为自己开脱,完全推卸责任。如果上帝存在,那人便是乌有。

——《魔鬼与上帝》,《萨特其人及其"人学"》

如果上帝不存在,任何一件事情都是可能的,因而人就是孤零零的,因为不管是在他里面或外面,他都找不到任何可倚仗的东西。他立刻就发现自己是毫无借口的了。

——《存在主义是一种人道主义》，《人道主义、人性论研究资料》

地狱就是——别人！

——《此路不通及其他三个剧本》

我们生下来，是荒谬的；我们死去，也是荒谬的。

——《恶心》，《萨特其人及其"人学"》

在生活中，什么事情都不会发生。只不过是背景经常更换，有人上场，有人下场，如此而已。

——《恶心》，《萨特其人及其"人学"》

历史处境变化着……但有一不变的事情，即他必须生存于世界，必须在世界内工作，必须生于他人之中，必须死亡。这些限制，既非主观的，也非客观的；或者可以说：是兼有客观的和主观的方面。

——《存在主义是一种人道主义》，《人道主义、人性论研究资料》

人首先存在，与自身相遇，在这个世界上崛起，然后才规定他自己。

——《存在主义是一种人道主义》，《人道主义、人性论研究资料》

人之初是个无。他什么都不是，直到后来他才是把自己造就的那种人。因此人性是没有的，那是因为并不存在具有人性概念的上帝。人只是存在着。……人不是别的，只是他自己所造就的东西。

——《存在主义是一种人道主义》，《人道主义、人性论研究资料》

人是被判定为自由的。

　　——《存在主义是一种人道主义》，《人道主义、人性论研究资料》

　　人不可能一会儿是自由的，一会儿又是奴隶。他要么从来就是自由的，要么就根本没有自由。

　　　　　　　　　　　　　　　　　　　　——《存在与虚无》

　　我们是孤孤零零地、无可辩解地存在着。当我说人是被判定为自由的时候，他并创造他自己，然而他还是自由的，……每一个人都是毫无凭借地，而且毫无帮助地注定要随时随刻创造出人来的。

　　——《存在主义是一种人道主义》，《人道主义、人性论研究资料》

　　人无非就是人打算要做的东西。人实现自己有多少，他就有多少存在。因此，他就是他的行动的总和，他就只是他的生活。

　　——《存在主义是一种人道主义》，《人道主义、人性论研究资料》

　　一个人，不外就是一系列的事业，他就是造成这些事业的种种关系的总数、组织和整体。

　　——《存在主义是一种人道主义》，《人道主义、人性论研究资料》

　　我们说人挑选他自己的自我的时候，我们是说我们每一个人都如此做。不过，这意思又指人在进行这种选择时，他也为一切人作了挑选。

　　——《存在主义是一种人道主义》，《人道主义、人性论研究资料》

作为的是人，而不是像雪崩那样的任何突发而不可抗拒的事物。

——《辩证理性批判》

我们是人，我们生活在人的、工作的和矛盾的世界里，我们周围的一切对象都是符号。……意义来自人和他的计划，但是它们到处烙印在物件和物件的布置之中。

——《辩证理性批判》

人是以他的计划规定自己的。

——《辩证理性批判》

无论是什么样的人和什么样的事变，直到现在总是出现在缺乏之中的，也就是说，出现在一个还不能从它的自然的需要摆脱出来，从而被它的技术和工具所决定的社会之中的。

——《辩证理性批判》

个人的规定性只出现在一个社会里——这个社会，不断地自己建设着而向它的每一个成员规定……，但是这些规定性本身是被一个个人的计划所支持、所内在化、所体现的。

——《辩证理性批判》

如果人们不愿意在个人之中和个人创造他的生活并把自己客观化的活动之中看到原始的辩证运动，那么就应当抛弃辩证法或者把它看作历史的永恒规律。

——《辩证理性批判》

人是他的产物的产物。

——《辩证理性批判》

人的真实性在于他的劳动和他的工资的性质。但是人的真实性又是在他经常以他的实践扬弃这种真实性的情况之下被规定的。

——《辩证理性批判》

人的自由先于人的本质并且使人的本质成为可能，人的存在的本质悬置在人的自由之中。

——《存在与虚无》

人的实在只有从根本上挣脱了他自身，才能通过提问题、方法论的怀疑、怀疑论的怀疑、悬搁等等来挣脱世界。

——《存在与虚无》

人在"包围着他"的存在中间突现而使世界被发现。但是这种突现的本质和最初的环节就是否定。

——《存在与虚无》

人是使虚无来到世界上的存在。

——《存在与虚无》

"人的实在"不能——哪怕是暂时地——消除置于他面前的存在团块。人的实在所能改变的，是他与这个存在的关系。对人的实在来说，把一个特殊的存在物置于圈外，也就是把他自己置于相对于这个存在物的圈外。在这种情况下，他逃离了这存在物，他处于不可触及的地位，存在物不可能作用于他，他已经退而超乎虚无之外。

——《存在与虚无》

人的实在分泌出一种使自己独立出来的虚无。

——《存在与虚无》

人的实在能全部或部分地否认世界的条件就是，他把自身包含的虚无当作那种将他的现在和他的全部过去分割开来的乌有。

——《存在与虚无》

我每时每刻都被投入到这个世界之中并被干预。这意味着我们在设定我们的可能之前就行动了，而且意味着那些显然又实现或正实现的可能涉及那些为被置于问题中而必需某些特殊活动的意义。

——《存在与虚无》

我的"自我"作为一个业已构成的人格，是自己活动的起源，就像他人是他人活动的起源一样。

——《存在与虚无》

自我不能是自在的存在的一种属性。就其本性而言，它是一个被反思者。

——《存在与虚无》

自我反映，但它恰恰反映的是主体。它表明主体和它自身之间的关系，而这种关系恰恰就是二元性。

——《存在与虚无》

主体不能是自我，因为我们已经看到与自我的重合会使自我消失。但它同样不能不是自我，因为自我指示了主体本身。

——《存在与虚无》

自我代表着主体内在性对其自身的一种理想距离，代表着一种不是其固有重合，在把主体内在性设立为统一的过程中逃避同一性的方式。简言之，就是一种要在作为绝对一致的、毫无多样性痕迹的同一性与作为多样性综合的统一性之间不断保持不稳定平衡的方式。

——《存在与虚无》

我的处境的这一捉摸不定的事实，这种分离实现着的喜剧与单纯的喜剧的差别，就使得自为在选择其处境的意义过程中，在使自己构成为自己在处境中的基础的过程中并没有选择自己的位置。

——《存在与虚无》

我是我存在的基础，这决定着自己是完全对自己的存在负有责任，同时又认为我完全不能证明我的存在是合理的。

——《存在与虚无》

如果人的实在局限于我思的存在，那它就只能有一个瞬间的真理。

——《存在与虚无》

人的实在的直观所面临的存在永远是它所欠缺的东西或者是存在者。

——《存在与虚无》

欠缺者与存在者具有相同的性质，当存在者要变成欠缺者之时，只须推翻一种处境就足以使它变成欠缺者欠缺的存在者。

——《存在与虚无》

人的实在是欠缺。

——《存在与虚无》

人的实在是它自身向着欠缺它的东西的超越。

——《存在与虚无》

人的实在作为对世界的在场涌现的纯粹事件被自我把握为它自身的欠缺。

——《存在与虚无》

人的实在乃是向着与从未给定的自我重合而进行的不断的超越。……人的实在向着它自我超越的存在不是一个超越的上帝：它寓于人的实在深处，它只是像整体一样就是它自身。

——《存在与虚无》

人的实在在自身存在中是受磨难的，因为它向着一个不断被一个它所是的而又不能是的整体不断地纠缠，因为它恰恰不能达到自在，如果它不像自为那样自行消失的话。它从本质上讲是一种痛苦意识，是不可能超越的痛苦状态。

——《存在与虚无》

没有世界，就没有自我性，就没有个人；没有自我性，没有个人，就没有世界。然而世界与个人之间的这种所有关系绝不是在反思前的我思范围内被确立的。

——《存在与虚无》

我对于我的一切判断，当我进行判断的时候，它已经是虚假的了，就是说我已成为另外的事物了。

——《存在与虚无》

犹如美人鱼那样是以人体鱼尾而结束，超出世界的自为最终在世界中是落在自我后面。我愤怒，我郁郁寡欢，我有恋母情结，我有自卑感，一直如此。但是，在过去，那是以"曾是"的方式而产生的情绪，在世界之中，如同我是职员、独臂人或是无产者一样。过去，世界禁锢着我。我消失在宇宙的决定论之中，但是我向着未来彻底地超越着我的过去，只要我"曾经是它"。

——《存在与虚无》

通过别人对我的认识的价值取决于通过我对别人的认识的价值。

——《存在与虚无》

为了使我被别人认识，我应该拿我自己的生命冒险。

——《存在与虚无》

他是奴隶而我是主人……奴隶是主人的真理……人们很难设想主奴间激烈的殊死斗争下的唯一赌注只是认识一个像"我是我"一样贫乏、一样抽象的表述。此外，在这种斗争本身中，有一种骗局，因为最终达到的目的是普遍的自我意识"对自己存在着的自我的直观"。

——《存在与虚无》

对个人的尊重要求把我的个人认作是普遍的。但是，我的具体的个体存在悄悄进入了这个普遍之中并将它填满了，……普遍如果不以个体为目的而存在就不可能有意义。

——《存在与虚无》

我处处都是我，我不可逃避我自己，我从后面重新把握我自己。

——《存在与虚无》

我和他人的关系首先并从根本上来讲是存在与存在的关系，而不是认识和认识的关系。

——《存在与虚无》

如果他人存在的必然性是存在的，它也应该是一种偶然的必然性。

——《存在与虚无》

他人，首先是事物向着一个端点的逃逸，我同时把这个端点把握为与我有一定距离的对象。

——《存在与虚无》

"被别人看见"是"看见别人"的真理。

——《存在与虚无》

对神来说人的活动才构成为真理。但是上帝在这里只是被推至限制的他人的概念。

——《存在与虚无》

我之所以从世界推到他人，不是由于世界使我理解了他人，而恰恰是由于他人——对象不是别的，而只是我的世界的自立的和世界立的参照中心。

——《存在与虚无》

我对我自己的为他人异化的反应是通过把他人理解为对象表现出来的。

——《存在与虚无》

一方面我试图从别人手心里解放我自己，另一方面别人也在设法从我手心里解放他自己；一方面我打算奴役别人，另一方面别人也打算奴役我。

——《存在与虚无》

我唯一的权力是改变对别人而言的处境和对处境而言的别人。

——《存在与虚无》

我应该"强迫"别人是自由的。尽管这种强迫避免永远或十分经常地以暴力的形式实施，它仍然支配着人与人之间的关系。

——《存在与虚无》

只有当人们向世界考问时世界才提出建议，而人们只能是为了一个已被规定的目的向世界进行考问。

——《存在与虚无》

我的每一个活动，哪怕是最小的活动，都是完全自由的；但是这并不意味着它可以是任意的，甚至也不等于说它是不可预测的。

——《存在与虚无》

如果为了实现只需设想就够了，那么，我现在就沉入了一个与梦相似的世界，这个世界里，可能与实在就不再有任何区别了。从那时起我就命定要看到这个随我的意识的变化而变化的世界。

——《存在与虚无》

我的位置将不是一个聚焦点，而是一个出发点。

——《存在与虚无》

无论在什么时候，我都将认为自己在我的偶然位置上介入了世界，但是，恰恰是这种介入将其意义给了我的偶然位置，而这个偶然位置就是我的自由。

——《存在与虚无》

在诞生时，我获得位置，但是我对我占据的位置是负有责任的。

——《存在与虚无》

我完全可以不存在；但是如果我存在，我便不可能没有一个过去。

——《存在与虚无》

我先前的介入只是如同那些人们不可能否认的除了回忆的意义外毫无别的意义的中世纪的箭楼和城墙那样存在，如同一个过去了的时期，一种文化和一个在今天已经过时的和完全死亡了的政治和经济的存在阶段那样存在。正是将来决定过去是活着还是死去。

——《存在与虚无》

恰恰与社会一样，一个个人也有一个纪念碑似的和处在延期状态的过去。贤者们很早就感觉到了这种对过去的不断的质疑，希腊悲剧家也对此有过表现，例如在他们所有的剧中都出现这样的谚语："没有任何人在死前被认为是幸福的。"自为的永恒历史化是对其自由的永恒肯定。

——《存在与虚无》

就连刽子手的屠刀也没有免除我们的自由。这并不意味着绕过困难，弥补损失永远是可能的，而仅仅意味着继续向某一个方向前进的不可能性本身应该是自由地构成的。

——《存在与虚无》

在一个受到我的邻人纠缠的世界中生活，这不仅仅是说在所有道路的拐弯处都能碰到他人，而且也是说介入到一个世界中，这个世界的工具复合能够拥有一种并非我的自由谋划所首先给予它们的意义。

——《存在与虚无》

在"我的"世界里，除了纷繁众多的可能的意义外还存在着别的事物；存在着作为并没有被我发现的而对我表现出来的对象的意义。

——《存在与虚无》

我使意义来到事物中，我介入一个已经具有意义的世界中，这个世界思考着我还没有弄清的我的意义。

——《存在与虚无》

我不能依赖我不认识的人，我不能把我的信心建立在人类的善良或者人对社会改善的兴趣上，因为人是自由的，因为没有什么人性认为是基本的。

——《存在主义是一种人道主义》，《萨特及其存在主义》

他们是判定了要绝望的，因为他们同时发现了人的一切活动都是价值相等的……他们从原则上都是注定要失败的。于是，人又重新回到沉醉孤独。

——《存在与虚无》，《萨特及其存在主义》

个人之间的联结，在其各种真实的形式上，是在他人那里直接发现人们自己的他者性的联结。

——《辩证理性批判》

每个个人都以一种新的方式发生作用：不是作为个人或他者，而是作为共同的人的个别体现。

——《辩证理性批判》

从个人到个体——总体性的这种异化，代表了作为共同实践的集团的最深刻的堕落，同时，它又复活了处在茫然形式下的结构联系。

——《辩证理性批判》

如果辩证法作为人的无条件的规律从外面控制人的话，宇宙就变成一个梦。

——《辩证理性批判》

每个人都随心所欲，而这些分子的冲突又产生大规模的结果。那我们将发现平均数或统计结果，而不是历史的一种发展。

——《辩证理性批判》

人像臣服于一种敌对力量那样臣服于辩证法，而在另一种意义上，人创造辩证法。

——《辩证理性批判》

正是在人同人的、通过物的中介的，以及在人同物的、通过人的中介的具体而综合的关系中，我们能发现一切可能的异化的基础。

——《辩证理性批判》

人作为非——人的人，作为一个异己的类而存在着，而这并不必然意味着冲突已被内在化并作为一切生存战斗而生活着，它只是意味着每个人的单纯存在是被匮乏规定为既是对于另一个人，又是对于每个人来说的非存在的经常危险的。

——《辩证理性批判》

每一个人对于一切其他人来说都是一个非——人的人，并把一切其他人看作非——人的人，而且实际上不用人性去对待其他人。

——《辩证理性批判》

作为人类的他变成非——人的人，我的类在我面前显得是一个异己的类了。

——《辩证理性批判》

人不仅必须进行斗争反对自然，反对产生他的那个社会环境以及反对其他人，而且也反对他自己的变成他者的活动。

——《辩证理性批判》

一个人是和许多同样的有机体一起生活在匮乏领域中的实践有机体。

——《辩证理性批判》

根本的异化，并不是像《存在与虚无》所可能使人错误地假定的那样，来自某种出生以前的选择，而是来自把作为一种实践有机体的人同他的环境统一起来的内在性的单一的关系。

——《辩证理性批判》

人在一切境况中都是自由的，像斯多噶所主张的那样，那是完全错误的。我的意思刚好相反，在所有人的生活都在惰性——实践领域中展开而言，在这个领域总是被匮乏所制约而言，他们都是奴隶。

——《辩证理性批判》

人发现基础是整体，而他自身即在此整体之中。

——《科学和辩证法》，《存在主义哲学》

在纯粹的相互作用中，异于自我也是同样的人。但是在由匮乏改变了的交互作用中，同样的人在我们看来却也是反——人。因为这个同样的人完全表现为用死亡威胁我们的他者。

——《辩证理性批判》

我吁请人类对我的生命负责，这时我只不过是某种集体需求的产物。大部分时间，我精心协调内心的平衡，既不排斥振奋人心的自由，也不忽视顺理成章的必然。

——《文字生涯之读书》

天才无非是一种借贷：要想称得上天才，必须吃得苦中苦，必须谦虚地、坚定地经受千锤百炼。

——《文字生涯之读书》

行为本身不能作为标准，除非人们已经证明这些行为不是表面的姿态，但这总不是很容易做到的。

——《文字生涯之读书》

别人能把握我们的情感的各个方面，但把握不住情感的力量，即情感的真诚程度。

——《文字生涯之读书》

我一手碰到我的坟墓，一手抓住我的摇篮。我感到自己生命短暂而辉煌，好似一个消失在黑暗中的闪电。

——《文字生涯之写作》

少年，中年，刚消逝的去年，已经一去不复返了，已属旧时代。新时代此时此刻宣告诞生，但决不固定下来，因为明年就要把它彻底埋葬。

——《文字生涯之写作》

我从不积怨，出于好意承认一切；我善于做自我批评，条件是出于我自愿，不由别人强加。

——《文字生涯之写作》

既然我预先确定我的历史将有一个好的结局，那么意外只能是一个圈套，新鲜事物只能是一种表面现象。

——《文字生涯之写作》

也许有一天我会掉胳膊断腿或双目失明，但这一切都是为同一个目的服务，我的不幸只是考验，只是促使我创作出书的手段。

——《文字生涯之写作》

我学会忍受悲伤和疾病，从中看到通向隆重葬礼的起点，看到为我开拓的通天台阶。这种颇唐突的操心没有使我不快，相反我一心要表现得名副其实。我把坏事看作变成好事的条件。

——《文字生涯之写作》

我总愿意责备自己，不肯怨天尤人，这不是因为天性朴实，而是要靠自己安身立命。这种自命不凡并不排斥谦卑。我很乐意认为自己可能犯错误，因为我的失败证明我走在通向尽善的捷径上。我设法在自己的生命中捉摸到某种不可抗拒的引力，能不断迫使我取得新的进步，哪怕我自己非常不情愿。

——《文字生涯之写作》

既然我是未来的人们所期待的对象，那我干脆跳跃前进，堂堂正正，一气呵成，每时每刻都是我的不断再生，我希望看到内心的情感迸发出火花。

——《文字生涯之写作》

为什么非要过去来丰富我呢？过去对我没有作用，相反，是我自己从死灰中再生，用不断的创新把自己从虚无中解脱出来。我越再生越完好，越善于运用内心的惰性储存，道理很简单，因为我越接近死亡越看清死亡的真相。

——《文字生涯之写作》

人们常对我说，过去推动着我们，但我深信未来吸引着我。要是我感到自己干活拖沓，或才能施展缓慢，我就会不高兴。

——《文字生涯之写作》

永存给我赖以生活的耐心，我再也不想一下子跨过二十年，然后草草越过第二个二十年，再也不设想我遥远的登峰造极的日子，我等待着。我一分钟一分钟地等待，因为每一分钟引来另一个一分钟。我泰然自若地生活在刻不容缓的时间列车上，时间推我一直向前，把我整个卷走，势如破竹，锐不可当。

——《文字生涯之写作》

为了抹杀死亡的野蛮性，我把死亡当作目的，把生命当作了解死亡的唯一手段。我慢慢走向我的终点，唯一的希望和欲望是能写完我的书，确信我的心脏最后一次跳动刚好落在我著作最后一卷的最后一页上，这时才让死神带走一个死人。

——《文字生涯之写作》

权！这是像三角和圆那样的东西。它们是那样完美，因此实际上并不存在。人们徒劳地用圆规画出了成千上万个圆，但是仍然画不出一个圆周。

——《一个企业主的童年》

四、论 情 爱

最平庸的爱和死一样，是不可替换的和唯一的：没有任何人能够替我去爱。

——《存在与虚无》

我们是以一杯牛奶咖啡的方式把握一种充满欲望的微妙友谊。……可以肯定情人般的友谊并不表现为友谊类的单纯特别化，就像等腰三角形是三角形类的特别化一样。

——《存在与虚无》

友谊表现为被整个爱情全部渗透的友谊，然而它不是爱情，它不"使自己成为"爱情；否则它就失去了它的友谊的自主性。但是它却被构成为一种难以用语言名状的惰性的和自在的对象，在这个对象中自在的和独立的爱情神奇地伸延穿过整个友谊，就像在斯多噶的混沌中一条腿横跨整个大海一样。

——《存在与虚无》

对一个炽热的爱情来说，会有一些中断的阶段，在这些中断中，我们知道我们爱，但是我们没有感觉到它。普鲁斯特曾出色地描述过这些"心灵的中断"。不过，完全把握一种爱情，沉思爱情并非是不可能的。

——《存在与虚无》

在经常被我的自由咀嚼并消耗的被反思的自为将来和对我的爱情是有威胁的并致密的将来之间实际上存在着差距，而正是我的爱情赋予将来以爱情的意义。

——《存在与虚无》

恋爱们的关系，在"爱情"无限定的推移体系，就是说，是融合了那互相保持其相异性来奠定另一方的诸意识的体系。

——《存在与虚无》

爱情是要以保持内在的否定来克服事实的否定的矛盾努力。

——《存在与虚无》

在爱情中，每个意识都企图把他的为他的存在躲藏于别人的自由中。

——《存在与虚无》

我们在人们称为"人群心理学"之中遇到集体迷恋，这心理是爱情的一种特殊形式；言必称"我们"的这个人，在人群内部恢复了爱情的原始谋划，但是他并不打算如此。

——《存在与虚无》

爱情是一种事业，即向着我的固有可能性而谋划的有机总体。但是，这种理想就是爱情的理想，是爱情的动机和目的，是爱情真正的价值。爱情作为与他人的原始关系是我用以实现这个价值的谋划的总体。

——《存在与虚无》

如果爱情是纯粹肉体占有的情欲，在很多情况下，它就很容易得到满足。

——《存在与虚无》

暴君不在乎爱情，他满足于恐惧。……相反，想被爱的人不愿意奴役被爱的存在。他不想变成一种外露的、机械的情感的对象。

——《存在与虚无》

如果特立斯丹和伊瑟被媚药弄得神魂颠倒，他们相互间的兴趣却减弱了，并且被爱的存在若完全处于被奴役地位有时就会扼杀恋爱者的爱情。

——《存在与虚无》

被爱者不想像人们占有一个物件那样占有被爱者；他祈求一种特殊类型的化归己有。他想占有一个作为自由的自由。

——《存在与虚无》

若被爱者被改造成自动木偶，恋爱者就又处于孤独之中。

——《存在与虚无》

恋爱者要求的东西是一种胶质，一种他人的自由本身的稠化：这种结构的限制事实上是一种被给定物，而这作为自由的限制的被给定物的唯一显现意味着自由，由于自己禁止超越这给定物而使自己在这给定物内部存在。

——《存在与虚无》

恋爱者希望对被爱者所成为的就像黑格尔的主人对奴隶所是的一样。……恋爱者却首先要求被爱者的自由。

——《存在与虚无》

如果我应该被别人爱，我就应该自由地被选择作为被爱者。

——《存在与虚无》

恋爱者要求的，就是被爱者已把他变成为绝对的选择，这意味着被爱者在世的存在应该是恋爱者的存在，被爱者的这种涌现应该是恋人的自由选择。

——《存在与虚无》

被爱者不能希望去爱。因此恋爱者应该诱惑被爱者；并且他的爱情与诱惑的事业是一回事。

——《存在与虚无》

诱惑只能以矫揉造作的应被"占有"的对象的特性来装点企图诱惑我的对象——他人，诱惑也许将决定我去冒大险来征服他。

——《存在与虚无》

在被爱者那里，爱情只能从对他造成的他的异化和他向别人的流逝的体验中产生。

——《存在与虚无》

爱就其本质来说就是使自己被爱的谋划。

——《存在与虚无》

任何一个恋爱者当他要排除一切他人使自己被一个别人爱的时候，都完全是这个别人的俘虏，但是同时，每个人都向别人要求一种不能还原为"被爱之谋划"的爱情。

——《存在与虚无》

就爱情是被爱的要求而言，他是一个要求自己身体并需要一个外在的自由，因此是一个模拟向别人逝离的自由，一个作为自由而祈求他的异化的自由。

——《存在与虚无》

五、论心理学

情感——意识向魔术般的态度的回归。

——《情感理论初探》

情感，正如内省事实上向我们揭示的那样，已经是被构成的情感：它是对世界的意识。任何仇恨都是对某个人的仇恨；任何愤怒都是对作为可憎的、不公正的、错误的某人的体会；对某人有好感正是感到这个人是可亲的，等等。

——《存在与虚无》

情感被当作是一种纯主观的和无法言喻的躁动；这种躁动具有一种个性的韵律，但却又是局限于体验它的主体之中的。从根本上说，情感不过是对器官上的变化有所意识而已。这是一种纯主观性，一种纯内在性。

——《想象心理学》

在大多数情况下，情感是与感觉的麻木不仁混在一起的。

——《想象心理学》

想象这个词，仅是指示同意识的对象相关的东西。换言之，也可以说，它是对象在意识中的表现方式，意识把那种方式给予对象。

——《想象力》

所谓想象，就是把应该侵蚀的现实的片断给予被想象的东西。

——《谢奈论》

想象一块黑色的玻璃，比以太还细腻、敏感。一种细微的气息，哪怕是微不足道的极小气息都刻在它的上面。从历史的开端起，直至这手指的咯咯声，全部铭刻在它的表面了……一切都将再现。再现什么呢？那就是我们的一切行动。

——《阿尔托纳的隐藏者》

必须选择：要么，我们在想象的行动中，于是，我们错误地知觉；要么，我们就清醒过来，脱离开想象的行动，重新恢复我们的判断，于是，不再有任何虚构，只有实在，真实的判断。

——《影像论》

想象的客体是由确定为现实的客体开始的。

——《影像论》

想象就像随着突然睡醒而瞬息即逝的一系列短暂的梦一样出现。

——《影像论》

心理再现、照片和漫画，这三种十分不同的实在在我们的例证中是同一过程的三个阶段，是同一活动的三个时刻。

——《想象心理学》

想象活动所针对的是一种作为物体不在现场或非存在的对象，它所借助的是一种只作为所针对对象的"近似代表物"存在的物理的或心理的内涵。

——《想象心理学》

　　想象的活动是一种变幻莫测的活动。它是一种注定要造就出人的思想对象的妖术，是要造就出人所渴求的东西的；正是以这样一种方式，人才可能得到这种东西。在这种活动中，总有某种随意和幼稚的东西，总是要缩短距离，或总有一些难以说明之处。

——《想象心理学》

　　想象的世界是完全孤立的，而我则只有将自己非现实化在这个世界中才有可能与之相接触。

——《想象心理学》

　　无论是回忆的"微弱"、"苍白"、"空虚"，还是回忆凭借感知材料所提供的那些矛盾，都无法使它与虚构——想象区别开，因为它提供的是一些相同的性质，而且由于这些性质是现在的性质，它们就不会使我们脱离现在而趋向过去。

——《存在与虚无》

　　回忆就向我们表现了我们曾经是的存在，连同赋予回忆某种诗意的充实的存在。

——《存在与虚无》

　　正是由于记忆，知觉才深化了并且获得一个意义。

——《影像论》

追忆的幻影是支离破碎的；殉难、拯救、不朽，如大厦倾崩，一切都遭到破坏。

——《萨特研究》

如果我们一旦摆脱了尼采所谓的"景像背后的世界这幻觉"，如果我们不再相信"显象背后的存在"，那么显象就成了完全的肯定性，它的本质就是这样一种"显现"，它不再与存在对立，反而成为存在的尺度。

——《存在与虚无》

显现并不像康德的现象返回到本体那样返回到存在。因为显现背后什么也没有，它只表明它自身（和整个显现系列），它只能被它自己的存在，而不能被别的存在所支持，它不可能成为一层将"主体存在"和"绝对存在"隔开了的虚无薄膜。

——《存在与虚无》

尽管一个对象只是通过一个单一的渐次显现揭示自身，然而只要有一个主体存在，这一事实便意味着可能出现对这个渐次显现的多种看法。这就足以把被考察的渐次显现的数目增多到无限。此外，如果显现的系列是有限的，这就意味着最初的那些显现没有再度显现的可能性，这是很荒谬的；或者意味着这些显现可以同时全部出现，这就更加荒谬。

——《存在与虚无》

焦虑事实上是对作为我的可能性的那种可能性的确认，就是说，它是在意识发现自己被虚无与其本质相割离，或被其自由本身与将来相分离时形成的。

——《存在与虚无》

焦虑是自由本身对自由的反思的把握。

——《存在与虚无》

一切事物的发生都似乎说明我们针对焦虑的基本和直接的行为就是逃避。

——《存在与虚无》

焦虑和恐惧的区别是，恐惧是对世界上的存在的恐惧，而焦虑是在"我"面前的焦虑。晕眩所以成为焦虑不是因为我畏惧落入悬崖而是因为我畏惧我自投悬崖。处境引起恐惧是因为它很可能从外面使我的生活发生，而我的存在引起焦虑是因为我对我自己对这种处境的反应产生了怀疑。

——《存在与虚无》

恐惧不是别的，只是试图凭借咒语消除我们不能有距离地保持的令人害怕的对象的一种神奇行为。

——《存在与虚无》

事实上畏惧意味着我作为被威胁者显现为没于世界的在场者，而不是显现为使得有了一个世界的自为。

——《存在与虚无》

畏惧是因另一个对象在我的知觉领域中的显现而发现我的对象性

生存。它回到一切畏惧的根源，即恐怖地发现我的单纯对象性，因为它被不是我的可能的一些可能所超出并超越。

——《存在与虚无》

我把我的"为上帝的对象存在"看作是比我的自为更实在的；我被异化地存在，并且我通过我的外表使自己知道我应该是什么。这就是在上帝面前的畏惧的起源。

——《存在与虚无》

那些鬼神弥撒，对圣餐的亵渎，魔鬼附身的联想等，都以同样的努力将对象性赋予这绝对主体。

——《存在与虚无》

恐怖是一种抽象的暴力。

——《答加缪书》，《萨特研究》

并不是先有一种（无意识的或心理的）快乐，然后这种快乐接受了意识这种性质，就像射进一道光芒似的；也不是先有一种意识，然后这种意识接受了快乐这一感受，就像在水里加了颜料似的；而是有一个不可分割的、不可分解的存在——这个存在根本不是支撑着各种碎片的实体，而是一个通体都为实存的存在。快乐是（对）自我（的）意识的存在，而（对）自我（的）意识就是快乐的存在之法则。

——《存在与虚无》

快乐即使在逻辑上也不能区别于对快乐的意识。（对）快乐（的）意识作为快乐自己存在的真正的方式，作为构成快乐的质料，而并非作为那种事后强加在享乐主义质料上的形式，它对快乐是构成性的。快乐不可能在意识到快乐"之前"存在——即使以潜在性或潜能的形式也不行。潜在的快乐只能作为（对）潜在的存在（的）意识而存在，意识的潜在性只有作为对潜在性的意识而存在。

——《存在与虚无》

太阳把寒冷的光线像毫无怜悯的判决一样投射到万物上；它们从我的眼睛进入到我的内心，我的内心被一道减弱了的光线照亮了。我相信，只要一刻钟就足够使我做到对自己极度厌恶。

——《恶心》，《萨特研究》

说谎的本质在于：说谎者完全了解他所掩盖的真情。人们不会拿他们不了解的事情来说谎，当人们散布自己也受其骗的谬见时，他们没有说谎，当人们被欺骗时，他们没有说谎。

——《存在与虚无》

说谎者的典型是一种犬儒主义的意识，他在自身中肯定真情，而在说话时又否定它，并且为了自己否认这个否定。

——《存在与虚无》

说谎者有欺骗的意向，他既不企图隐瞒这个意向也不企图掩饰意识的半透明性；相反，在涉及决定下一步的行为时，他正是参照这个意向，这个意向对所有的态度明确地实行调节控制。

——《存在与虚无》

说谎不需要特殊的本体论基础，而一般的否定存在所要求的那些解释在欺骗的情况下总是有效的。

——《存在与虚无》

也许说谎者相当经常地或多或少成为他的谎言的牺牲品，他对它半信半疑；但是说谎的那些通常的和普遍的形式同样是一些蜕化了的状态，它们代表一些说谎和自欺之间的中介物。

——《存在与虚无》

说谎是一个超越性的行为。

——《存在与虚无》

通过说谎，意识肯定了意识的存在从根本上讲是对他人隐藏着的；它为自己的利益运用了我和他人之我这本体论的二元性。

——《存在与虚无》

自然倾向作为状态的产生者是不能与作为对状态的要求的欲望等同的。

——《存在与虚无》

干渴就是为获得这种超越性的欲望，而不是获得自身的欲望：它是在别人眼中的欲望。

——《存在与虚无》

如果欲望对自身来讲是欲望，它就必须是这超越性本身，就是从本质上讲必须是向着所欲望的对象对自我的逃避。

——《存在与虚无》

它（欲望）应该是一种欠缺——但不是一种对象——欠缺，一种被承受的、被它所不是的超越所创立的欠缺，……欲望是存在的欠缺，它在其存在的最深处被它所欲望的存在所纠缠。

——《存在与虚无》

　　它（欲望）证实了在人的实在的存在中的欠缺的存在。

——《存在与虚无》

　　伊壁鸠鲁是错误的同时也是正确的：在他看来，欲望实际上是一种空无。但是任何未被反思的谋划都不仅是要消除这个空无。

——《存在与虚无》

　　欲望由于自身倾向于维持下去，人疯狂地依恋于他的欲望。

——《存在与虚无》

　　欲望要成为的东西，就是被填满的空无，然而是赋予其充实性以形式的被填满的空无，就像模子赋予人们倒入其中的铜液以形式一样。

——《存在与虚无》

　　当我现实地向着我的将来自我谋划时，只有我自己才能决定这种欲望，这种害怕，这种对世界客观的考虑对我来说所拥有的意义。

——《存在与虚无》

　　一个单独的人很少产生笑的欲望；整个这一切激起我一种十分强

烈甚至野蛮的感觉，可是这种感觉是纯洁的。

——《恶心》，《萨特研究》

人们承受痛苦，并且因为没有遭受足够的痛苦而承受痛苦。

——《存在与虚无》

我们所说的痛苦永远不完全是我们感觉到的痛苦，我们称作"美的"、"善的"或"真实的"痛苦以及使我们激动的痛苦，都是我们从其他人脸上，或不如说在画像、在雕像的面部、在悲剧人物的假面上所察觉的痛苦。这是一种蕴涵存在的痛苦。

——《存在与虚无》

痛苦是对这些可能、这种处境的意识关系，不过是被凝固的、被沉没于冷酷的存在中的关系；正因为痛苦是这样的，它才使我们心醉神迷：它就像是对纠缠我们自己痛苦的这个自在的痛苦的一种消解了的近似化。

——《存在与虚无》

我所感觉到的痛苦则相反，它永远不足以是痛苦，因为它通过它在其中自我奠定的活动而作为自在来自我虚无化。

——《存在与虚无》

我不能像观察雕像的痛苦那样观察它，因为它是我制造的，我知道它。如果必须受苦，我愿我的痛苦控制我，像暴风雨一样震撼我；但是，我应该在我自由的自发性中把它提高到存在的水平。

——《存在与虚无》

我要同时是它而且承受它，但是这个巨大而又不透明的痛苦把我载出我之外，它不断用它的翅膀轻掠于我，我不能抓住它，我只找到了我，这个怜悯我的我、呻吟着的我，为了实现这个我所是的痛苦而必须不懈地演出痛苦的喜剧的我。

——《存在与虚无》

　　我扭曲双臂，我喊，为的是让自在的存在，声音、手势遍及那由于我不能是的自在的痛苦而变得错综复杂的世界。

——《存在与虚无》

　　受苦者的每一声叹息、每一种面部表情都意在雕刻一座痛苦的自在的雕像。但是，这座雕像永远只是通过别人、为着别人而存在的。

——《存在与虚无》

　　我的痛苦为那是它所不是又不是它所是的东西而痛苦；它在即将汇合的时刻又逃避开来，通过乌有、通过它是其基础的虚无与自身相分离。它喋喋不休，因为它不足以是它，但是它的理想是沉默。

——《存在与虚无》

　　受苦和存在是一回事；他的痛苦是他的非位置意识的纯粹情感的内容，但是他却不凝思痛苦。因此这种痛苦本身便不能是他的活动的动力。而是正相反，正是在他要谋划改变痛苦的时候，痛苦才对他表现为不可忍受。

——《存在与虚无》

　　如果笛卡儿局限于纯粹瞬间注视把握的东西，那他把我思理解为怀疑也并没有希望把这种怀疑定义为方法论的怀疑，或干脆定义为怀疑。

——《存在与虚无》

怀疑只有从对它来讲总是开放的可能性出发才能被理解，这是明晰性要"消除"的可能性；只是因为它转回到尚未实现但总是开放的悬搁上去，它才被理解为怀疑。

——《存在与虚无》

当联想主义者们意欲证明，精神的印象能够与他互相关联，那只是因为纯粹为外部联系所致，那他们不就是最终把一切联合的关系都简单归结为"毗连"的前一后的关系吗？

——《存在与虚无》

我们不能把由独立所组成的具体流逝，即，总之是由心理的和意识的连续活动构成的心理绵延称之为幻觉：其实正是它们的实在才造成了心理的对象；实际上，正是在心理活动的范围内才建立起人、要求、嫉妒、仇恨、建议、斗争、狡猾之间的具体关系。

——《存在与虚无》

在世的人的反思意识在日常存在中是面对心理对象而存在的，这些心理对象是它们所是的，它们在我们的时间性的绵绵不绝的网络之上出现，如同挂毯上的图案和花纹，它们按照世界事物的方式在普遍时间中相继而来，就是说，它们按异于纯粹外在的连续的关系互相取代而又并不互相接触。

——《存在与虚无》

如果人们在其历史性中把握自为，心理绵延就渐趋消失，种种状态、性质和活动也会消失以让位于如此这般的自为的存在，这自为的存在仅仅是作为其历史化过程中不可分割的唯一个体性而存在。

——《存在与虚无》

心理的时间性既显现为与我们的存在的存在方式不能并存，又同时显现为一种主体间的存在，科学的对象，人类行动的目的（这是在诸如"我千方百计地要让安妮爱我"，为了我而给予她爱这样的意义上讲的）。

——《存在与虚无》

至于心理时间性，则不能被构成，因为它只是一些行为的连续次序。

——《存在与虚无》

心理的时间性只能对未被反思的自为显现，这未被反思的自为是对世界的出神的纯粹在场：它在反思中被揭示，正是反思应该构成它。

——《存在与虚无》

必须把纯反思和不纯的或构成的反思区别开来：因为正是不纯的反思构成心理行为或心理的连续。

——《存在与虚无》

心理的时间性是惰性的、与柏格森的绵延相当近似的材料，它承受一种内在的一致而并没有制造这种一致，它被不断地时间化而又没有自我时间化。

——《存在与虚无》

在心理的时间性中，那些不是通过存在的出神关系被统一起来的因素，它们的神奇的、非理性事实的相互渗透只能与远处的魔法的神奇行动相比较，并且掩盖了已经完全完成的"现在"的多样性。

——《存在与虚无》

心理时间性是产生于不纯的反思，自然它是"被是"它所不是的又不是它所"被是"的。

——《存在与虚无》

格式塔理论的经验清楚地指出，纯粹的显现总是被看作是动力的涌现，已显现的东西在奔赴存在的过程中来自虚无的基质。

——《存在与虚无》

羞耻实现了我与我的一种内在关系：我通过羞耻发现了我的存在的一个方面。

——《存在与虚无》

尽管羞耻的某些复杂和派生的形式能在被反思的水平上显现，羞耻一开始却不是反思的现象。

——《存在与虚无》

事实上，不管人们能在孤寂中通过宗教实践从羞耻中得出什么结论，羞耻按其原始结构是在某人面前的羞耻。

——《存在与虚无》

羞耻根本上是承认。

——《存在与虚无》

羞耻是一种直接的颤抖，没有任何推论准备从头至脚传遍全身。

——《存在与虚无》

羞耻只是对我有外表存在的原始体验，这个外表的存在介入到另一个存在之中并因此毫无遮掩，它被从一个纯粹主体发出的绝对光明照亮；这是意识到无可挽回地是我曾经总是的东西："悬而未决"，就是说以"尚未"或已不再的方式。

——《存在与虚无》

纯粹的羞耻不是感到是这样或那样可指责的对象，而是一般来说，感到是一个对象，就是说感到并认识到：我在我为他的那个被贬值、从属的、被凝固的存在中认识我自己。

——《存在与虚无》

羞耻是对原始堕落的体验，不是由于我犯下了这样那样的错误，而只是由于我"落"入了世界，没于事物之中，并且由于我需要他人为中介以便是我所是的东西。

——《存在与虚无》

害羞，尤其是对在裸体状态被碰见时的恐惧，只是原始羞耻的象征性表现：身体在这里象征着我们无遮无掩的对象性。

——《存在与虚无》

对羞耻的反应恰恰在于把那个把握了我自己的对象性的人当作对象。

——《存在与虚无》

骄傲与原始的羞耻并不是不相容的。它甚至是在基本的羞耻或为成为对象而羞耻的基础上形成的。

——《存在与虚无》

在某种意义上讲，骄傲首先是屈从：为了对是这样而感到骄傲，我心须首先对自己只是这样表示屈从。因此，这涉及了一种对羞耻的最初反应，并且这已经是对逃避和自欺的反应。

——《存在与虚无》

但是骄傲——或虚荣——是一种不平衡的、自欺的感觉：因为我是对象，我力图在虚荣中作用于他人；通过一个反冲，我把他人在把我构成对象时给予我的那种美或力量或精神，利用起来，以使他人被动地感到一种赞赏或爱慕的感情。

——《存在与虚无》

一个自为在它的自我历史化过程中，经验到那些不同的灾变，由于它完全认识到了它以往努力的虚浮，而能决定自己置别人于死地。这种自由决定被称为憎恨。

——《存在与虚无》

它（憎恨）包含着一种基本的屈从：自为放弃了它要实现与别人统一的要求；它不再把别人作为工具来使用以便恢复他的自在的存在。

——《存在与虚无》

　　憎恨只认识对象——别人，并且只依附于这个对象。它想毁灭的正是这个对象，以便同时消除憎恨它的那个超越性。这超越性只作为不可能接近的彼在，作为憎恨中的自为异化的永恒可能性而被预感到。因此，它本身永不被把握。

——《存在与虚无》

　　就憎恨相当于不安地承认憎恨者的自由而言，憎恨祈求被憎恨。

——《存在与虚无》

　　通常，仇恨只有到死亡才会停止：这是因为人与其过去又聚合起来，成为过去，并不因此而对过去负责。

——《存在与虚无》

　　人只要活着，他就是我仇恨的对象，就是说我之所以指责他的过去，不仅由于他是过去，而且因为他每一时刻都在重新夺取过去，都在支持他成为过去，因为他对其过去有责任。

——《存在与虚无》

　　仇恨并非是把人固定于他所曾是的东西之中，而是在死亡之后犹存：仇恨是针对在自己的存在之中自由地是他曾经是的东西的活人而发的。

——《存在与虚无》

反抗和绝望是外来之物；它们来自陌生人怀着仇恨观望着我们欢庆精神节日的外界。

——《答加缪书》，《萨特研究》

有一条很古老的格言——斯多葛的格言——教导人们向他的激情妥协以便能控制它们。简言之，人们将建议针对情感性行事，就像人在一般意义上的自然面前行事那样，那时服从自然是为了更好地驾驭它。

——《存在与虚无》

激情全然不能控制意志。

——《存在与虚无》

激情是作为隐世的某种对象存在的。

——《存在与虚无》

如果激情是自由的，它就是选择。

——《存在与虚无》

——由众多精心挑选出来的读物所滋养起来的激情，将寻求虚构中的自我解释来蒙骗自己，而这种虚构将象征性地平息并疏导它。

——《存在与虚无》

自我的种种性质代表着构成我们特性和习惯的潜在性、潜力和潜能的总体。这就是易怒、勤劳、嫉妒、野心勃勃、色情之类性质。

——《存在与虚无》

但是，还应该承认起源于我们历史的另外一种性质，我们称之为习惯：我可能是衰老的、疲倦的、乖戾的、退步的或进步的，我可能显现为"在获得成功之后心安理得"或者相反"逐渐养成一些嗜好和习惯，一种病态的性欲"（在一次大病之后）。

——《存在与虚无》

野心是一种动力，因为它完全是主观性的，这一点是千真万确的。

——《存在与虚无》

野心勃勃，就是谋划着去获得王位或荣誉，它不是一种促使人去获取的材料，而就是获取本身。

——《存在与虚无》

自卑情结本身是我在世固有的自为为对付他人而做的谋划。因此，它就总是超越性的。也因此，它总是自我选择的方法。

——《存在与虚无》

自卑情结就是我自己的自由而完整的谋划，作为在他人面前的自卑，它是我选择承担我的为他的存在的方式，是我给予别人的存在的自由的答案，这是不可逾越的丑事。

——《存在与虚无》

在世界上，没有任何使人惊讶的和使人诧异的东西，除非我们自己决定自己对某事物要惊讶。

——《存在与虚无》

她的痛苦来自她自己内心深处，只有她本人才能解脱它，因为她是自由的。

——《苍蝇》,《萨特研究》

窘困则也可以是一些或多或少既成情景的一种间歇性幻象。

——《想象心理学》

窘困并不是一种莫名其妙的东西，这种窘困虽然本身像是一块顽石但却支配着活的东西中的意识。实际上，这种窘困就是一种意识，而因此也就像其余的意识一样具有自发与自律的特征。

——《想象心理学》

我们的思维是按现实事物复制而成，我们的幻想能力并不像人们所说的那样驰骋得很远。

——《影像论》

当某种异乎寻常的对象在特殊的心理条件作用下长时间地被凝神注视的时候，这种幻想便有可能完成。

——《想象心理学》

我们的梦来源于世界，并非来源于上帝。

——《影像论》

睡梦在我们看来也就表现为某种知觉所不会具有的脆弱的东西：它是听凭反思的意识摆布的。它之所以可能形成并保持下去，原因仅仅在于那种反思的意识在大多数情形下并没有出现。

——《想象心理学》

知觉如斯宾诺莎的真理一样是标准性的，而且也不可能是别样。而睡梦也近似于斯宾诺莎的谬误的概念：谬误可以表现为真理，但是却不仅限于为使谬误自愿地消失才使真理得以获得。

——《想象心理学》

错误的知觉不是睡梦；而纠正知觉也不是醒来。

——《想象心理学》

不能认为，这种孤立于现实世界之外而束缚在意象世界之中的意识，会任凭自己将意象的世界当作是现实的世界，因为它没有能力将这个世界同具有退化还原功能的现实相比较。

——《想象心理学》

睡意的意象是一种"在空中"孤立的表现；而睡梦，我们则可以说，是一个世界。

——《想象心理学》

有多少睡梦，甚至通常是有多少睡梦片断，就有多少世界，更恰当地说，每个睡梦意象都表现得有其自己的世界。

——《想象心理学》

假如我在这张脸的背后感觉到有一个充满恐怖和许诺的世界的话，

那么，我便马上会清醒过来，而这便是一个睡梦了。

——《想象心理学》

由于睡梦是骤然间将我们带入到一个时间的世界中，因而，所有的睡梦表现在我们面前便都是一个故事。

——《想象心理学》

正如迈达斯王点石成金一样，意识本身也一定要将它所得到的一切都变成意象的东西：因此，睡梦便是必然的了。

——《想象心理学》

实际上，构成睡梦本质的是现实完全回避着那种渴望使之得到重现的意识；而意识的全部努力则反而违心地造就出意象的东西来。

——《想象心理学》

睡梦并不是被当成现实的虚构，而是由它自己所奉献的意识的那种历险传奇，而且是违心地建立起唯一一个非现实的世界。

——《想象心理学》

错觉的产生是由于我们习惯于在空间上以空间为依据进行思考。这种错觉，我们称作是内在固有的错觉。

——《想象心理学》

联想的根源是习惯，因而是为习惯强化的。

——《想象心理学》

情感表现性的意义使各种各样的符号达到综合的统一，也赋予其僵硬的粗浅性以活力，并且使这些符号具有了生命和某种厚度。

——《想象心理学》

大多数草图样的形状都带有某种确定的含义。眼睛的活动将知觉组织起来，尽力得到了空间的环境，确定了能力的范围，将那些线转变成各种向量性的线。

——《想象心理学》

对象与视网膜的关系本身是中间性的，这是一种不对运动问题做出回答的关系。

——《想象心理学》

渴求是要在表现的水平上得到我已在情感水平上得到了的东西的一种盲目的努力；通过情感的综合，它所针对的便是它虽无法认识但却可以要求的一种"超越"。

——《想象心理学》

当非现实的对象出人意料而又不合情理地出现的时候，一阵惊奇或恐惧便会弥漫在意识中，清醒便出现了，各种力量便重新组合了，这就有些像一个熟睡的人突然被一种强烈的噪音吵醒了一样。

——《想象心理学》

然而，无聊仍一直纠缠着我，时而不引人注目，时而使我反感，等无聊到忍无可忍的时候，我便屈服于最致命的诱惑：俄耳甫斯操之过急，结果失去了欧律狄刻；我操之过急，结果常常晕头转向。

——《文字生涯之写作》

我苦于无所事事，有时旧病复发，又疯狂起来，而恰恰这时应忘记疯狂，应暗中控制疯狂，并把我的注意力转移到外部事物。凡遇到这种情况，我就想当即认清自己，一下子抓住纠缠我的全部东西。

——《文字生涯之写作》

由于我颇不喜欢自己，就寄希望于未来，结果更不喜欢自己，随着时间毫不容情地向前进，我越来越觉得自己差劲。昨天我干得不好，那是昨天的事；而今天我已经预感到明天我对自己严厉的评判。总之，不能挨得太近。我对自己的过去敬而远之。

——《文字生涯之写作》

"纯粹的思维并不是幻想，因为它是在知性段和概念的反思意识中自我把握的，但是是通过一种沉思和抽象的努力达到的。实际上，大脑从来没有停止过为意识工作，为意识提供可见、有声并可触的幽灵，提供意识在上面印刻其形式的物质……"

——《想象》

对于概念的形成，影像是必要的，不存在任何先天的概念。抽象化在其对可知物的原始和普遍功能中，恰恰是以让我们超出影像之上并能够以一种必然和普遍的形式把影像设想为对象。除了抽象可知物外，我们的心灵不能设想其他可知物，而抽象可知物只能由影像并与影像一起通过理智活动造成。

——《想象》

思维是一种功能，这种功能在进化过程中补充到知识的原始和次级形式中：感觉，记忆，联想。随后，它是从什么条件中诞生呢？在这点上，我们不能拿假设去冒险。无论如何，思维制造自己的显现，它被确定，得到发展。但是，因为一种功能只有在它固有的刺激的影响下才能进入活动，没有任何东西激发的纯粹思维活动的实存，先天就难以置信。

——《想象》

对于整个这一代人，联想主义始终是事实的根据，而思维只是解释一种"有机组织"、一种体系化的必要假设，通过纯粹联想很难加以分析。

——《想象》

"任何想象的创造都要求一种统一的原则"。但是，对这种原则，他不太顾及和谐的问题而称之为"引力的中心和支点"，并把它设想为一种"固定的观念—情绪"，总之，这种原则只充当单纯机械过程的调节者。

——《想象》

综合心理学在一开始就像分析心理学一样停留在理论上面。它仅通过在各种联结中补充一种因素而使得抽象的归纳复杂化；它努力要以生物学类型构建心理学，一如分析心理学力图以物理学模式来构建心理学。

——《想象》

意识的心理影像是一种在身体中、在纯粹、不动、未被察觉的回忆的动力机械之中的肉身化，而这种回忆存在于无意识之中。对于心灵，活着，就是永远"通过一种机械的媒介嵌入诸物"。回忆被置于这种条件之下。在纯粹的状态中，回忆是"清楚、准确的，但……没有生命"，它就像柏拉图说的那些灵魂，不得不堕入身体之中以能够"实显"：它是潜在的、无力的。

——《想象》

知觉不是一种表象，而是一种动力图式，这种图式努力构建前来参与知觉的影像。

——《想象》

影像之间的联系来自它们嵌入其中的行为，来自身体。任何知觉都延续到动力反应，这些反应利用被相似的知觉建立的动力机械，并且引发其他反应，后者曾经先与前者相关联，随后亦然：这就是相似和毗连的关系的根源，这些关系于是导致身体的机械关系，导致对身体或记忆—习惯记忆。

——《想象》

表象这些意指的意识的状态，这些状态能够成为空洞的意向或者多多少少是清楚或完满的直观。无论如何，意指及其意识脱离了心理学。

——《想象》

如果一种气体的各种成分能够占据不同的体积，那是因为我们缩减了把它们分离的空间。但是，我们不能让它们互相之间深入。这些心理分子，即柏格森的影像，有什么权利被建立在统一综合的基础上？人们是否会说这种类型的综合就是意识的本质呢？但是，一旦我们构建了一种记忆的实在论的形而上学，我们就不能肯定这种心理的特殊权力。

——《想象》

造成心灵主动性的，是从一个领域到一个领域的可能性。这种过渡是通过柏格森所谓的活跃图式进行的。

——《想象》

影像和知觉的关系在这些描述中显得和我们至此所理解的关系大不相同。影像与作为其影子的知觉吻合，它因为落入过去而成为知觉本身，它曾经是只以变成影像—图像方式从其周围孤立出来的影像—物。而相反，知觉似乎综合地包含多种多样的影像，身体的张力赋予这些影像以一种不可分裂的统一，而一旦身体松弛下来，这些影像则分散开来。

——《想象》

概念于是显现为固定的、空间的和片断的。影像更加紧密，更加接近直觉："体系发展成为概念，而当我们把体系推向它由之而来的直觉时，体系紧缩为一种影像。"

——《想象》

影像发展，它趋向实显和完全的个体化，也就是趋向一种被个体化了的物的实存。联想主义给予影像的形态只不过是其发展的理想终

点。但是，影像可能中途停下来。诸多主体让我们注意到一种要减低
影像力量的倾向。

——《想象》

影像是一种幸存，一种正在进行回溯的器官，因为我们总是可能
让一个对象表现其纯粹本质，影像利用的总是时间的流逝和衰亡。

——《想象》

六、论 美 学

最美的杂乱是艺术的效果，也就是说仍然是秩序。

——《为什么写作》，《萨特研究》

现实的东西绝不是美的，美是一种只适于意象的东西的价值，而且这种价值在其基本结构上又是指对世界的否定。

——《想象心理学》

将道德的东西同审美的东西混淆在一起是愚蠢的。

——《想象心理学》

如果说我们对生活"采取"了一种审美的态度，这便使现实的东西与意象的东西混淆到一起了。

——《想象心理学》

人们是用感情来重新创造审美对象的；如果审美对象是动人的，它只能通过我们的眼泪显现它自己；如果它是好笑的，它将得到笑声的承认。

——《为什么写作》，《萨特研究》

在画面中，审美的对象是某种非现实的东西。

——《想象心理学》

"美的"东西便是某种不能作为知觉被经验到的而在其本性上又在世界之外的东西。

——《想象心理学》

苏格拉底问过希庇阿斯："美是什么?"希庇阿斯回答说:"美就是漂亮的女人、漂亮的马等等。"这一回答不仅使我们在人类思想的发展中迈出了历史性的一步,而且也使我们在具体或个别思想的产生过程中迈出了必要的一步。

——《想象心理学》

美只是被想象的东西的适用价值,在它的本质结构中包含世界的虚无化。

——《想象力的问题》

美不是由素材的形式决定的,而应该是由存在的浓密度决定的。

——《什么是文学》

审美对象只是表面上具有符合目的性,它只限于引起想象力的自由的、有规则的游戏。这样说就忘了观赏者的想象不仅有调节功能,还有构成功能;它并非在做游戏,它只是被吁请越过艺术家留下的痕迹,重组美的对象。

——《为什么写作》,《萨特研究》

不论是美是丑,都是作为绝对的存在设定的纯粹的假象。

——《谢奈论》

……我把审美意识的这一方面叫作安全感；是这种安全感给最强烈的审美情感打上至高无上的静穆标记，它的根源在于确认主观性与客观性之间有严格的和谐。

——《存在与虚无》

由于审美对象正是通过想象物的媒介力求达到的世界，审美喜悦就伴随这样一种位置意识，即意识到世界是一个价值，也就是说世界是向人的自由提出的一项任务。我把这一点称之为人的谋划的审美变更，因为通常情况下世界是作为我们的境遇的地平线，作为把我们和我们自己隔开的无穷尽的距离……而出现的。

——《存在与虚无》

虽然文学是一回事，道德是另一回事，我们还是能在审美命令的深处觉察到道德命令。

——《为什么写作》，《萨特研究》

审美的观照是一种经诱导而生的梦，而向现实的东西的过渡实际上则是清醒过来了。

——《想象心理学》

美的直观对象即动作清楚地表现出姿态……那是小偷承担着把假象的总体给予我们的义务。

——《谢奈论》

事物放出特殊的光，但同时看到它似乎显露出来。实在整体在于非存在之中。这种光辉使存在归之于价值，成为存在的或不存在的东西的象征，这表现为使整体世界在虚无中吸收存在加以消化的巨大过程。在自然美中的存在，显现在变幻的透视图上。

——《谢奈论》

假象和动作是美的原则。

——《谢奈论》

美的价值就是以某种方式包含着伦理的东西，并必定把它表现出来。

——《存在主义美学》

问题不在于为了美的价值而否定伦理的价值。问题在于深化美的价值以至见出伦理的价值，即基于对自身历史的研究，写出像关于善的论证那样的关于美的论证。

——《谢奈论》

作家和所有其他艺术家一样企图给予他的读者们一种人们习惯称之为审美快感的感情，至于我，我宁可把它叫作审美喜悦。

——《为什么写作》，《萨特研究》

创造者因其在创造，他确实得到这一喜悦，而这一喜悦是与观赏者的审美意识融为一体的，即就我们研究的问题而言，是与读者的审美意识融为一体的。

——《为什么写作》，《萨特研究》

审美意识首先是对于一项召唤，或者换一种说法，对于一项价值的辨认融为一体的。

——《为什么写作》，《萨特研究》

　　彩画玻璃窗，拱扶垛，雕门画栏，赞美歌，木刻或石刻的耶稣受难像，诗文默祷或诗律学，种种这类人文科学，直截了当地把我们引到超凡的精神境界，再加上自然界的美，更使我们感到进入了仙境。

——《文字生涯之读书》

七、论 艺 术

艺术作品是一种非现实。

——《想象心理学》

对于这个人来说，艺术是一种逃避；对于那个人来说，艺术是一种征服手段。

——《为什么写作》，《萨特研究》

只有为了别人，才有艺术；只有通过别人，才有艺术。

——《为什么写作》，《萨特研究》

如果我应该怀疑艺术家是出于激情或在激情中写作的，那么我的信任就立即烟消云散了，因为就是用目的范畴来支撑因果范畴也无济于事；在这种场合目的范畴也会受到另一种心理上的符合因果性的支持，最终艺术品就回到决定论的锁链里去。

——《为什么写作》，《萨特研究》

如同人们只能在世界的背景上知觉事物一样，艺术表现的对象也是在宇宙的背景上显现的。

——《为什么写作》，《萨特研究》

这是艺术的最终目的：在依照其本来面目把这个世界展示给人家看的时候挽回这个世界，但是要做得好像世界的根源便是人的自由。

——《为什么写作》，《萨特研究》

通过在原封不动的形态上看这个世界，而且通过看到它把其根源置于人类的自由中，复原这个世界。这就是艺术的终极目的。

——《什么是文学》

艺术创作，通过艺术对象对我们揭示世界整体，而且它是为人的自由而创作，对人们自由负责的。

——《谢奈论》

艺术创作的主要动机之一，是我们明确地在和世界的关系中感到我们是本质的东西的这样一种欲望。

——《什么是文学》

必须认为绘画（欣赏者取想象态度）是在每一时刻被所描绘的对象的非实在的东西所反映。

——《想象力的问题》

在丢勒的铜版画中，在物理的再现背后，死神与骑士实实在在对我来说就是对象。

——《想象心理学》

肖像便是以其复杂性忠实地再现着其原型，肖像为了提炼出特征性的面貌也要进行一种随意性的简单化。

——《想象心理学》

肖像是某种自然的东西。而模仿则已是一种研究过的原型了，已是一种简单化了的再现了。

——《想象心理学》

如果我决意要把握这种知觉，如果我纯粹是从审美的角度来观看这幅画，如果我所观察的是色彩关系与形式，如果我所研究的是画家纯粹技术性过程的话，那么，表现性的价值也就仍然不会是子虚乌有的。

——《想象心理学》

艺术家最初便有一种以意象为形式的观念，而后他则将这个意象体现在画布上。

——《想象心理学》

演员把自己的感情、力、姿态全部表现为哈姆雷特的情感和行为相似的东西上，但是，这个事实，由于非现实化了，他完全以非现实的方式生活着。不是别种人物在演员中被实体化，而是演员在剧中角色里被现实化。

——《想象力》

演员是完全被那种非现实的东西所吸引、所唤起的。并不是人物在演员那里成了现实的，而是演员在人物那里成为了非现实的。

——《想象心理学》

从根本意义上讲，扮演者便是一种被占有。

——《想象心理学》

选择成为一个普通的艺术家丝毫不意味着追求自卑。

——《存在与虚无》

音乐对我来说是很重要的，它既是一种娱乐，又是文化修养的一个主要成分。

——《七十岁自画像》，《萨特研究》

一个真正的音乐修养应该包括从旧音乐到当代最新的音乐，爵士乐当然也在其内。

——《七十岁自画像》，《萨特研究》

对我来说真正有价值的音乐是古典音乐。

——《七十岁自画像》，《萨特研究》

《大卫》本身并不表现为文艺复兴，它只是含混不清地自以为其自身中隐藏着那个时代的意义，这就正像（譬如）当我们说人们通过参观柏林的古堡便会了解俾斯麦的普鲁士的意义时的情形一样。

——《想象心理学》

音乐的必然性很强。什么东西也不能中断这种必然性。这种必然性工作是按秩序自我终止的。

——《恶心》

我们在从戏剧或音乐的世界向日常生活的世界过渡时，总是要体验到那种巨大的困难的。

——《想象心理学》

八、论 政 治

毛派团体内部确实等级森严，同时他们又不愿意有这种等级制度。另一方面，他们寻求与群众的结合，不是作为先锋队而是作为表达群众意志的活动家与群众结合。

　　　　　　　　　　　　——《七十岁自画像》，《萨特研究》

革命不是一个权力推翻另一个权力的时刻，它是一个漫长的放弃权力的运动。没有任何东西担保革命会成功，但也没有任何东西能说服我们相信失败是命定的。

　　　　　　　　　　　　——《七十岁自画像》，《萨特研究》

革命运动和它的计划——它将使得社会通过一种状态的暴力进入另一种状态，在前一种状态中人的自由被异化了，而后一种状态是建立在人们相互承认的基础之上的——就是从这些方面来加以理解的。

　　　　　　　　　　　　　　　　——《唯物主义与革命》

那死亡，那生命，那土地，那反抗，那上帝，那是与否，那爱情，有人对您说，那是王子的游戏。另一些人甚至竟说：那不过是一种马戏团的把戏。

　　　　　　　　　　　　　　　——《答加缪书》，《萨特研究》

当我们宣称锁链下的奴隶和他的主人是同样自由的时候，我们并不是想讲一种将总是未确定的自由。

——《存在与虚无》

揭露是改革，只有在想要变革的设计中才能揭露。

——《什么是文学》

存在是完善的尺度。既存制度总比未来制度完善。

——《谢奈论》

就连刽子手的屠刀也没有免除我们的自由。这并不意味着绕过困难、弥补损失永远是可能的，而仅仅意味着继续向某一个方向前进的不可能性本身应该是自由地构成的。

——《存在与虚无》

人对自然的斗争同时是另一种斗争的原因和结果，这种斗争同样古老，同样冷酷：这就是人对人的斗争。

——《答加缪书》，《萨特研究》

反对德国人的共同斗争在您和我们的眼中象征着全人类反对非人的厄运的团结。德国人选择了不公，就自己厕身于自然的盲目力量之中。

——《答加缪书》，《萨特研究》

一个被压迫者自认所能有的一切价值，他都放进了他对别人的仇恨之中。他对同志的友情通过他对敌人的仇恨表现出来。

——《答加缪书》，《萨特研究》

为了配得上对斗争着的人们施加影响的权利，首先应该参加他们的战斗；如果想试图改变一些东西，首先应该接受许多东西。

——《答加缪书》，《萨特研究》

如果一个人在目前的斗争中只知道看见两个同样卑劣的怪物的愚蠢决斗，我认为这个人已经离开了我们，因为他一个人躲在角落里赌气；我远不觉得他像一名仲裁人那样高踞于他所背离的时代之上，而是看到他完全受制于时代，遇到了一种非常历史性的怨恨在他身上引起的拒绝。

——《答加缪书》，《萨特研究》

问题不在于将我们同时代人关进牢笼，他们已在其中了；相反，是要我们与他们相结合，砸碎铁栏。

——《答加缪书》，《萨特研究》

我先给我们同类一种天堂里的自由，然后又将他们推入牢狱。我距此甚远，以至我在周围只看见已被奴役的自由，它正试图从固有的奴役中解脱出来。

——《答加缪书》，《萨特研究》

他是冷酷的，通常他不善于拉拢人；他不会做出动作叫人看，他靠的是婉转说服；他的方法是暗淡的、没有色彩的，只有用在意气相投的人，肯接受理智的阴谋家、政治家身上，才能成功。

——《恶心》，《萨特研究》

人们通过极细微的接触，通过觉察不到的变化，发现人们同一个看不见的、巨大的珊瑚骨联结在一起。战争：每个人是自由的，然而，大局已定。

——《延缓》

战争存在着，战争无处不在，是我全部思想、希特勒全部言论、戈梅兹全部行为的总和，但是，没人来结算这个总和。

——《延缓》

战争只对上帝存在，但是上帝是不存在的。然而，战争却是存在的。

——《延缓》

物质的匮乏是人与人之间过去和现在的对抗的根源。

——《七十岁自画像》，《萨特研究》

真正的敌人，不是与你生活在同一个社会里或者用言语来攻击你的对手，而是只消对几个武装的人做一个简单的手势就可以逮捕你、把你投入牢房的敌人。

——《七十岁自画像》，《萨特研究》

这个社会是不道德的，它不是为了人，而是为了利润而建立的，因此就应该彻底改变它。

——《七十岁自画像》，《萨特研究》

恐怖……产生于同群集性的对立，而不是同自由的对立。

——《辩证理性批判》

匮乏作为每一个人和一切人同物质的唯一关系，在最后变成物质环境的一个客观的社会结构，并在那样做时，它的惰性的指头指向每一个个人，使之既成为匮乏的原因，又成为匮乏的牺牲品。每一个人把这种结构加以内在化，……使他自己成为匮乏的人。

——《辩证理性批判》

由人们在匮乏的环境中生产的，甚至当着这些人力图超越匮乏时，他们的实践也在把这种匮乏加以内在化。

——《辩证理性批判》

工人不能单独获致其目标，从个人来说，他的自由是软弱无力的，因为这是一件改变社会的相互作用的方式的事情。

——《共产党人和和平》

个别工人能自由选择废除其异化，但这个自由选择往往遇到社会障碍，工人为了改变这种情况，就必须改变整个工人阶级的境况。

——《共产党人和和平》

"阶级意识"是在一种比平常更明显地构造起来的集体处境的情况下假定了一个特殊的我们。

——《存在与虚无》

如果一个社会，由于它的经济和政治结构，分成被压迫的阶级和压迫的阶级，压迫阶级的处境向被压迫阶级提供了一个以其自由考察并超越它们的永恒第三者的形象。

——《存在与虚无》

正是被压迫集团的成员，作为单纯的个人，介入了与这个集团别的成员的基本冲突（爱、恨、利益的竞争等），他把他的身份和这个集团别的成员的身份当作被一个逃离他的意识注视和思想的东西。

——《存在与虚无》

"奴隶主"、"封建主"、"资产阶级"或"资本家"，不仅表现为有支配权力的人，而且还首先表现为第三者，就是说，处在被压迫集团之外的第三者，并且这个集团正是为他们而存在。因此，正是对他们而言并且在他们的自由中，被压迫阶级的实在性才得以存在。

——《存在与虚无》

压迫阶级的脆弱在于，尽管它组织起精确、严密的压迫机器，这阶级在其自身中的无政府根源是根深蒂固的。

——《存在与虚无》

"布尔乔亚"不是仅仅被定义为在某种类型社会内部组织起明确的权利和特权的某种"经济人属"：它被内在地描述为不承认它附属于一个阶级的一种意识。

——《存在与虚无》

"布尔乔亚"共同地否认有阶级，它把无产阶级的存在归因于煽动者的行动、不幸事件，能用一些琐细的措施补救的不公正。

——《存在与虚无》

锁链下的奴隶是自由的，为的是砸断锁链。

——《存在与虚无》

上个世纪的资产阶级永远忘不了他们观看的第一场戏，代表他们的作家自告奋勇记述当时的情景。幕布一拉开，孩子们以为身临宫廷之中，但见一派金碧辉煌，大红绛紫，炉火熊熊，浓脂厚粉，夸夸其谈，尔虞我诈，这一切使犯罪也显得颇为神圣。

——《文字生涯之读书》

九、论 社 会

毁灭马克思主义思想的人，都指望由技术进步本身来决定一切变化。事情并不那么简单，人类社会的结构，同样取决于思想、感情，甚至诗意。

——《萨特研究》

世界则是根据选定了的目的而揭示为这样或那样的（按这样或那样的秩序）。

——《存在与虚无》

就像这些为确定的目的而被建立起来的社会机构一样，这些社会机构在创建它们的制度死亡后仍然活着，因为人们用它们服务于完全不同的、有时甚至是对抗的目的，活着的过去，半死的过去，遗迹、模糊，二律背反。

——《存在与虚无》

真正的社会协调，这在今天不可能实现，但是我认为当人与人之间的经济、文化与感情关系发生了变化之后，这就能实现。

——《七十岁自画像》，《萨特研究》

要改变这些关系（不协调的社会关系），首先要消灭物质匮乏，……物质匮乏是人与人之间过去和现在的对抗的根源。

——《七十岁自画像》，《萨特研究》

新的理想社会——到那个时候想必还会有新的对抗，我不能想象那是什么对抗，谁也不能想象，但是那些对抗不会形成对一个新型社会的障碍，在那个社会里每人都将把自己完整地奉献给某人，后者也将把自己完整地奉献出来。

——《七十岁自画像》，《萨特研究》

这样一个社会当然只可能是世界性的，因为只要世界上还有一个地方还存在不平等和特权，这些不平等现象引发的冲突必将由近而远地扩充，直到把整个社会都卷进去。

——《七十岁自画像》，《萨特研究》

世界是一个各种对象都在其中具有固定位置并与其他对象有某种关系的整一处所。

——《想象心理学》

社会关系——这些关系是个别的，因为这里只有一个个的个人和个人之间的个别关系（对立、联合、依赖，等等），但是，它们不是机械的，因为在任何情况下，都不是种种简单的惰性的冲突……

——《辩证理性批判》

团体在某种意义上仅仅是一些关系和这些关系之间的关系的多

样性。

——《辩证理性批判》

个人的规定性只出现在一个社会里——这个社会，不断地自己建设着而向它的每一个成员规定，……但是这些规定性本身是被一个个人的计划所支持、所内在化、所体现的。

——《辩证理性批判》

无政府主义，即一种没有权力的社会，是应该得到实现的。

——《萨特研究》

社会的绝对律令——不论做什么，总应该做到使你的意志所遵循的准则永远同时能够成为一条普遍的立法原则。

——《实践理性批判》

在资本主义社会每一样东西都是他者，这主要是因为原子化——它的过程的根源和结果——使社会成为一个被他者所制约（就这些他者是有别于他们自己的他者而言）、有别于他自己的他者的缘故。

——《辩证理性批判》

在历史的矛盾中每一集团不仅排斥别的集团，而且每一集团在其最深刻的结构中都是由于出现与之相反的别的集团而构成的；每一集团都把别的集团作为自己的矛盾而与之进行自始至终的斗争。

——《科学和辩证法》，《外国哲学资料》

物极必反，人类的生活是从失望的另一端开始的。

——《苍蝇》，《萨特研究》

对于精神来说，生活并不是连接被分开来的诸要素，而是收缩或舒张在其整体之中一直被给予的一个综合的内容。

——《影像论》

建立在充分民主基础上的新的社会观，也就是社会主义和民主之间联姻的社会观。

——《新观察家》(杂志)，《萨特其人及其"人学"》

存在主义发现了——人在其阶级中的插入点，即作为一般阶级的和个人之间的中介的个别的家庭。家庭实际上是在"历史"的总运动中并由这个总运动而构成的，另一方面，它又作为一个绝对而存在于童年的深处和不透明性之中。

——《对于一种方法的探求》

常常是文化在其消失之际产生出最丰富的作品，这些作品来源于旧价值和新价值的必亡的结合，后者使前者受孕而后杀之。

——《答加缪书》，《萨特研究》

帮助那边的奴隶的唯一途径是站在这里的奴隶一边。

——《答加缪书》，《萨特研究》

一个个人如果他愿意就能被社会合理化。实际上任何东西都不能使他合理化，但是大部分人看不到这一点。

——《七十岁自画像》，《萨特研究》

倘若某人想出名，他要的不是出名：他要一切。他要使自己独立于繁衍他的生命的卵巢滤泡而保留在人们的记忆里。

——《七十岁自画像》，《萨特研究》

人们只要愿意就可以出名，不是靠才能或天赋。

——《七十岁自画像》，《萨特研究》

我肩负的命运对我的青春来说是太沉重了，这命运压垮了我的青春。

——《苍蝇》，《萨特研究》

劳动对人来说必须被规定为在匮乏的脉络内用一种对于匮乏的特殊否定去满足需要的实践。

——《辩证理性批判》

匮乏是我们历史的一个基本关系和我们同物质性的单一关系的一个偶然规定。

——《辩证理性批判》

社会必须选择它的死亡的和它的喂不饱的成员，换句话说，这是匮乏的人中间的一个非人性的实际容积。

——《辩证理性批判》

我们在生活中最经常遇到的处境，即我们在能动地实现我们的可能时，并通过这种实现把这些可能当作可能的那些处境。

——《存在与虚无》

处境这个自在的偶然性和自由的共同产物是一种模棱两可的现象，自为不可能在这种现象中分辨出自由所带来的东西和天然存在所带来的东西。

——《存在与虚无》

处境是一个不允许随意定性的天然给定物的自由调整和自由定性。

——《存在与虚无》

当人们孤立地考察一个处境的时候，人们就限于使它在其他处境的综合基础上出现。

——《存在与虚无》

我的位置是由空间秩序和在世界的基础上向我揭示的诸多"这个"的特殊本性定义的。

——《存在与虚无》

我不可能没有一个位置，否则相对世界来说我就是处在悬空的状态，世界也就不再以任何方式向我表露。

——《存在与虚无》

要通过我母亲在把我送到世界上时占据的那个位置来解释这最后一个位置是毫无用处的：链条已断，我的父母自由地选择下的位置对解释我的位置是完全无用的。

——《存在与虚无》

我们的存在直接"在处境中"，即它在这些举动中涌现，并且首先认识了自己，因为它反映在这些举动中，我们于是在一个充满要求的世界中，在一个"实现过程"的谋划中发现了自己。

——《存在与虚无》

偷盗真正说来是一个来源于或多或少直接与俄狄浦斯情结有联系的自我惩戒的过程。

——《存在与虚无》

一种罪行，连罪犯本人都不能忍受，那它就不再是任何人的罪行了，……它几乎只好算是一次事故。

——《苍蝇》，《萨特研究》

一个思想的最活跃、最深刻的部分，同时既是能带来最多好处的那一部分，又是能带来最多害处的那一部分，如果它没有得到正确理解的话。

——《七十岁自画像》，《萨特研究》

赌牌——红桃国王的侧面像在蜷缩着的手指之间出现，然后人们把它翻过来向下，……漂亮的国王，从那么遥远的地方到来，经过多次的搭配，多少次手势的消失，……反击和赌金的转手；这是一小串小规模的冒险经历。

——《恶心》，《萨特研究》

我对自我的选择，不是在我本身中选择，而是在我自身的存在方式中进行选择。

——《萨特研究》

从有了动机和动时起，也就是说有了对事物和世界结构的评价时起，就已经有了目的的地位，因此就已经有了选择。

——《存在与虚无》

之所以有一个世界，是因为我们是一下子整体地涌现于世界的。

——《存在与虚无》

在世的存在的原始现象就是自在的整体或世界同我固有的被解体的整体之间的原始关系：我在整个世界中进行整个的自我选择。

——《存在与虚无》

我们永远介入我们的选择，并且永远意识到我们本身能够突然倒换这种选择并来个急刹车，因为我们通过我们的存在本身谋划将来，而且永远用我们的存在的自由来侵蚀它：选择向我宣告我们在未来所是的，却没有控制这种总是保持为可能而决不进入实在的东西之列的未来。

——《存在与虚无》

由于我们的选择是绝对的，它才是松脆的，也就是说，在我们通过选择确定了我们的自由的时候，也就同时确定了它为了我将是的那一个彼岸变成过去化了的此岸的永恒可能性。

——《存在与虚无》

现实的选择是这样一种选择：它不会向我们提供任何通过后来的选择使它过去化的动机。

——《存在与虚无》

选择，就是因我的介入使某种限定了具体、持续的绵延的广延涌现出来，这种广延正是那种将我们和我的原始可能的实现过程分离开的广延。

——《存在与虚无》

新的选择当它是一个结尾时，它表现为开头；而当它是一个开头时，它又表现为结尾。

——《存在与虚无》

选择可能是在屈从或不安中进行的，它可以是一种逃避，它可以在自欺中得以实现。我们可以自我选择为逃遁的、不可把握的、犹豫不决的等等；我们甚至能选择不进行自我选择。

——《存在与虚无》

选择自卑意味着有意识地实现由意志追求的目的和已获得的目的之间的差距。

——《存在与虚无》

为平庸以困扰着的人选择的是自己折磨自己。

——《存在与虚无》

任何选择都假设排除和淘汰；任何选择都是对有限性的选择。

——《存在与虚无》

选择是对有限性的选择，但是，被选择的有限性是内在的有限性。

——《存在与虚无》

种族是一种单纯集体的想象；只有个人才是存在的。

——《存在与虚无》

陷入一种神妙莫测的观念而避免可能性的纯粹逻辑的观念，那就是才脱龙潭又入虎穴。

——《存在与虚无》

（对）信仰（的）意识和信仰是同一个存在，这个存在的特征就是绝对的内在性。但是，一旦我们要把握这个存在，它就悄悄地从我们指间溜走，并且我们就面对一种开始显露的二元性和反映的游戏。

——《存在与虚无》

只有现实才是可靠的；梦想、期待和希望都只能作为骗人的梦想、流产的希望和没有兑现的期待来说明……

——《存在主义是一种人道主义》，《人道主义、人性论研究资料》

人群这畸形的物质性和它的根深实在，对每一个成员来说都是有迷惑力的；每个成员都要求被首领的注视淹没在这作为工具的人群中。

——《存在与虚无》

精神上的优越，必须有物质上的表征来支撑，没有这种支撑，精神优越无从谈起。那么，我比人们优越之处在哪里？在于位置的优越，除此别无其他：我作为人类的一员而又置身于人类之上，从上向下俯视观察他们。我为什么喜爱巴黎圣母院的钟楼、埃菲尔铁塔的平台、圣心教堂以及代朗布尔街上我住的第七层楼，原因就在这里。它们都是位置优越的绝妙表征。

——《文字生涯之读书》

十、论 历 史

人类历史作为一种辩证的过程，恰在历史的某一时刻已变成明显可见的了，而且，在这方面，对历史和理解的辩证意义的发现本身就是受全部历史辩证地制约着的。

——《科学和辩证法》，《外国哲学资料》

历史总体性在任何特定时刻都决定我们的力量，它在我们的活动领域和我们的真正未来中都规定它们的限制；它制约着我们对可能的东西和不可能的东西、真正的东西和想象的东西、现在是的东西和可能是的东西、时间和空间所采取的态度。

——《共产党人和和平》

人们是在历史的行动中理解历史的。

——《答加缪书》，《萨特研究》

离开了创造它的人之外，历史只是一个抽象的、僵死的观念，不能说它有目的或没有目的。问题不在于认识它的目的，而在于给予它一种目的。

——《答加缪书》，《萨特研究》

说到底，没有人只为历史而行动。事实上，人们投入的是一种短期计划，而照耀它的却是遥远的希望。

——《答加缪书》，《萨特研究》

马克思从未说过历史有一个目的，它怎么能有呢？正如说有朝一日人没有了目标。他只是谈论过史前时期的目的，即是说一种于历史内部可实现的目标，像其他目标一样可以超过的目标。

——《答加缪书》，《萨特研究》

价值是通过人的活动表现的，而人的活动之最根本特点就是其历史性。对人来说，这个矛盾是基本的：他为了追求永恒而使自己成为历史的，却在目的为一种特殊结果的具体行动中发现了普遍价值。

——《答加缪书》，《萨特研究》

问题不在于知道历史有无意义和我们是否肯进入历史，而是当我们全身都在其中的时候，试图给它一种我们认为最好的意义，同时不拒绝给予任何必要的具体行动以帮助，不管我们的帮助多么微薄。

——《答加缪书》，《萨特研究》

我已被卷入历史，……对于那些从地狱中看它的人来说，它有一副荒诞而可怕的样子，因为他们与创造它的人已无任何共同之处了。如果它是一种蚂蚁和蜜蜂的历史，我肯定我们将把它看作一连串滑稽可笑、阴森可怖的大罪、讥讽和谋杀。但如果我们是蚂蚁的话，我们也许会有另一种看法。

——《答加缪书》，《萨特研究》

"置身局外"——完全像一个小姑娘用大脚趾试看水说："水热吗？"您以不相信的目光看着历史，您伸进一个手指，很快就抽回来，问道："它有一种意义吗？"

——《答加缪书》,《萨特研究》

如果我认为历史是一个满是泥和血的游泳池，我想我会像您一样，我在投入之前要看两遍。但请设想我已在其中，您的赌气本身就是历史性的证明。

——《答加缪书》,《萨特研究》

请设想人们像马克思那样回答您："历史什么也不创造，……是人，真实的，活的人创造一切；历史不过是追求着自身目的的人的活动而已。"如果这是真的，那么，自认远离历史的人就不再与他的同时代人有同样的目的了，而仅仅感到人类骚动的荒诞性。如果他攻击这人类的骚动，他就从此处违反自己心愿地进入历史的循环，因为他并非有意地向意识形态上处于守势的（即其文化奄奄待毙的）一方提供了使另一方气馁的论据。

——《答加缪书》,《萨特研究》

必须经过这半个世纪的全部血腥的历史，才使我们把握到历史的真实，并使我们在一个破裂的社会中找到自己的地位。战争打破了我们思想的旧框子。

——《辩证理性批判》

思想了解到历史是一个总体化过程，同时了解到，思想发现自己处于历史的中心，并按照产生思想自身并为思想所理解的过程同时也在总体化着和被总体化了。

——《科学和辩证法》，《外国哲学资料》

历史是历时的(即通过时间的)又是共时的(即在同一时刻之内)总体化，而且这两者又不能彼此分离。

——《科学和辩证法》，《外国哲学资料》

首先，是历史包容人类的机体，而不是相反。缺少蛋白质并不能解释法国革命前的事物状况(尽管在人们的机体中蛋白质确实是很少的)，相反地，必须从现存社会的形态才能理解蛋白质之所以缺乏(农民生产的性质，由这种生产所派生的关系体系以及又由这些关系所决定的文化方式和消费资料分配方式)。其次，也是最重要的一点，历史的理解比较生物学的理解是更为发展的。

——《科学和辩证法》，《外国哲学资料》

拿破仑是必然的。就是：法国革命的发展同时形成了独裁的必要性，并且形成了应当实行这种独裁的人物的全部人格；也就是：历史过程给波拿巴将军个人安排了预有的权力和机会，使他能够——而且只给一个人——加速这种清算。

——《辩证理性批判》

问题不在于一个普遍的抽象，并不是有这样不确定的情况，使得有许多波拿巴可能出现；问题在于一种具体的总体化，在这里：这个成为实在的活生生的人的实在的资产阶级分子，应当清算这个革命；并且在这里，这个革命在自在的和自为的波拿巴身上——也就是说，既为了那些资产阶级，也是为他自己——创造了它自身的清算者。

——《辩证理性批判》

以往被称为"历史"的那些机械的孤离分散的事实——这里人们可以想起克利奥佩特拉（公元前 69—公元前 30 年，古埃及最后的女王）的鼻子的理论：如果她的鼻子短一些，世界就会是另外一个样子——就变成了一个简单的现象。

——《科学和辩证法》，《外国哲学资料》

"历史"所提供的景况很少有比我们的景况更令人绝望的，正是这一点使预言情有可原。

——《答加缪书》，《萨特研究》

既然在历史的变动中上帝的不在是经常的，那么，向这位永远沉默的上帝要求有一种意义（即要求给予自己这种意义）的人类之间的直接、总是重新开始的关系，本身就是超越历史的了。

——《答加缪书》，《萨特研究》

历史，那时是战争……那是别人的疯狂。它不创造，它破坏：它使草不能生长，鸟不能歌唱，人不能恋爱。

——《答加缪书》，《萨特研究》

……有时应该向历史纳贡，以便日后有权利回到真正的责任上去。

——《答加缪书》，《萨特研究》

打开历史辩证法的钥匙就是马克思《哲学的贫困》中的一句名言：生产关系构成一个整体。那就是说：无论你考察什么事情，都要把它同生产关系（即"基础"）这个历史的整体联系起来。一旦人们把社会的一般结果看作本身是建立在这个总体即生产关系之上的，那么甚至于克利奥佩特拉的鼻子也要从另外的观点来看了。

——《科学和辩证法》，《外国哲学资料》

存在主义肯定历史事件的特殊性，而不愿意把它看作偶然性的渣滓和先验的意义的荒谬的拼凑。

——《辩证理性批判》

在历史的矛盾中每一集团不仅排斥别的集团，而且每一集团在其最深刻的结构中都是由于出现与之相反的别的集团而构成的；每一集团都把别的集团作为自己的矛盾而与之进行自始至终的斗争。

——《科学和辩证法》，《外国哲学资料》

我并不认为历史学家的职责需要进行心理分析。在我们的职分里，我们只和那些完整的观念打交道，人们给这些观念取了一些含义较广的名字，如"野心"、"利益"等等。

——《恶心》，《萨特研究》

这自为的存在流逝着，正是它由于将来而被命名，由于它所曾经是的过去而变沉重，是它把它的自我性历史化。

——《存在与虚无》

既然人被投入到历史处境中，他有时甚至会不设想被决定的政治经济组织的缺陷和欠缺。这并不像有人愚蠢地说的那样，是因为人"习惯于"这样做，而是因为人在其整个存在中把握处境，并且他甚至不能想象他是别样的。

——《存在与虚无》

引起君士坦丁大帝要与罗马对抗的意向只能由于把握了对象的欠缺：罗马缺乏抗衡力量，应当有一座在当时缺少的基督教城与这座还完全是异教的城邦对立。

——《存在与虚无》

历史学家们也习惯于用动机来解释廷臣或君王的行动；人们在战争宣言中寻找动机；时机是有利的，被进攻的国家由于内部混乱而四分五裂，必须结束有可能无限期延续下去的经济冲突等等。

——《存在与虚无》

克罗维斯之所以在许多蛮族国王还信奉阿里乌斯教的时候皈依了天主教，是因为他从中发现了取得高卢最强有力的主教团的恩宠的机会，等等。人们会提醒说动机的特征因此表现为对处境的客观领会。

——《存在与虚无》

克罗维斯皈依天主教的动机，就是高卢的政治和宗教状况，是主教团、大领主和平民诸力量之间的关系。……尽管如此，这种客观领会只有在预先设定的目的指引下，在自为向此目标的谋划的限制下才可能形成。

——《存在与虚无》

历史学家只有在动机不足以解释被考察的行动时，不得已才去寻找动力并造成它的状态。

——《存在与虚无》

用动力去解释君士坦丁，那么，这种解释就应当到有历史因素的心理状况中去寻找——甚至到"心智"状况中去寻找。其结果自然是这件事完全成了偶然的，因为换一个人带着另外的激情和欲望就会有不同的行动。

——《存在与虚无》

死去的"过去"以"知"的面目经常纠缠着现在。

——《存在与虚无》

过去没有力量确立现在和预知未来。

——《存在与虚无》

逃向未来的自由仍然不可能为了迎合自己的任性而停留于过去，

尤其不会在没有过去的情况下自己制造自己。

——《存在与虚无》

自由应该是它自己的过去，而这个过去是不可挽回的。

——《存在与虚无》

过去是不可触及的东西，它在一段距离外纠缠着我们，我们甚至不能回头面对面地考察它。即使它不决定我们的行动，至少它是我们不从它出发就不能做出新决定的东西。

——《存在与虚无》

所有注定要从我的过去之中挣脱的行动都首先应该从在此之过去出发被设想，也就是说应该首先承认行动是从它想要摧毁的这个特殊的过去出发诞生的。有句谚语说：活动随人。

——《存在与虚无》

过去是现在的，它不知不觉地溶化于现在。

——《存在与虚无》

没有过去，我便不能设想自己，或不如说没有过去我不可能思考有关我的任何东西，因为我思的是我所是的东西并且我是属于过去的；但是另一方面，我是一个使过去成为自我本身和世界的存在。

——《存在与虚无》

过去作为"应该被改变的东西"，对于未来的选择是多么地必不可少，因此，任何自由的超越若不是从过去出发将如何地不可能形成，另一方面，人们又看到过去的这种本性本身又是如何地从一种对将来的原始选择中来到过去的。

——《存在与虚无》

为了使将来成为可实现的，过去就应该是不可挽回的。

——《存在与虚无》

只成其为"过去"的"过去"将跌入一种名义上的存在，……它会失去和现实的一切联系。

——《存在与虚无》

为使我们"拥有"一个过去，我们就应该通过我们对将来的谋划本身将它保持为存在：我们不是接受我们的过去；而是我们的偶然性的必然性意味着我们不可能不选择它。

——《存在与虚无》

过去的意义紧密地依赖我现在的谋划。这丝毫不意味着我能随心所欲地改变我以前活动的意义，而是相反。

——《存在与虚无》

过去的即刻性是来自未来的。

——《存在与虚无》

过去一开始就是一种谋划，就和我的存在的现实涌现一样。

——《存在与虚无》

过去——它是一种预测；它的意义是从它预先描绘的将来中得来的。

——《存在与虚无》

当过去完全地滑到过去中去的时候，它的绝对价值便取决于对它曾经是的那种预测是确认还是否认。

——《存在与虚无》

过去正是取决于我的现实自由，……在这种情况下，过去便沦落为被缴了械的和受骗的期待；它是"无力"的。

——《存在与虚无》

过去唯一的力量来自于将来：无论我以怎样的方式生活或评价我的过去，我都只能在我对将来的谋划的启示下去生活、去评价。

——《存在与虚无》

我对未来的选择的秩序将规定我的过去的秩序，而这种秩序没有任何编年性。

——《存在与虚无》

　　如果人类诸社会是历史性的，这也并不仅仅是由于人类社会有一个过去，而是由于它们将过去看作是纪念性的。

——《存在与虚无》

　　当美国资本主义由于看到了一个获利机会而决定参与 1914—1918 年欧洲战争的时候，它便不是历史的：它只不过是实用的。但是在实用的谋划之光的照耀下，它恢复美国和法国以前的关系并赋予这些关系一种美国人偿还法国人的一笔损失债务的意义，它就成为历史的了，特别是，它通过这句著名的口号"拉法耶特①，我们来了!"而被历史化了。

——《存在与虚无》

　　过去自然是这样被创造的：就这样有了一种法国和美国共同的过去的结构，这种结构一方面意味着美国人巨大的经济利益，另一方面意味着两个民主资本主义的现实姻亲关系。

——《存在与虚无》

　　现实的谋划决定一个过去的确定的时期和现在是否连续，或者决

---

　　① 拉法耶特(1757—1834)：法国将军，政治活动家。

定是不是一个人们从中浮现的并与之脱离的片断。

——《存在与虚无》

……历史学家本身是历史的，也就是说，他在他的谋划和他的社会的谋划的光照下阐明"历史"时使自己历史化了。于是应该说社会的过去的意义永远是处于"延期的"状态。

——《存在与虚无》

事实上，没有人否认巴士底狱是于 1789 年被攻占的：这就是恒定的事实。但是，人们是否应该在这个事件中看到一种没有后果的骚乱呢？是否应该从中看到民众反对一座半倒塌的城堡的狂热呢？是否应该从中看到致力为自己创造一种广告性过去的"国民议会"已经知道把此事件改造为一种光辉的行动？或者应该把它看成是民众力量的最初表露吗？通过这种表露，民众力量增强了，有了信心，甚至开始向"十月的天"的凡尔赛进军。

——《存在与虚无》

不应该相信过去的"延期的"特性是在其以前历史的模糊或未完成的面貌的形式下向自为显现出来的。相反，……过去的自为的选择每时每刻都被自为把握为被精确地规定的东西。

——《存在与虚无》

提杜斯圆门或特拉加纳柱，不管在别人那里它们的意义发生了什么历史变化，在罗马人或考察它们的旅游者面前都显现为一些完全个体化了的实在。

——《存在与虚无》

在照亮过去的谋划的启示之下，过去被揭示为完全克制的。

——《存在与虚无》

过去的延期性事实上丝毫不是一种奇迹，而只是在过去化和自在的水平上表现了人的实在在转向过去之前所具有的谋划的和"期待中"的面貌。

——《存在与虚无》

过去是无限期地延期的，因为人的实在永远"曾经是"并永远是"将在"期待中的。期待和延期一样，只不过是更加明确地肯定自由是它们的原始构成部分。

——《存在与虚无》

过去在现时的象征——在王朝复辟时期，一个领一半军饷的军官的过去就是曾经从俄国退役回来的英雄。

——《存在与虚无》

过去本身是对将来的自由选择。

——《存在与虚无》

正是在选择了不与路易十八政府及新风尚合流时，正是在选择了希望皇帝最终复辟时，正是在选择了共同促进这种复辟和宁要半饷也不要全饷时，拿破仑的老兵才为自己选择了一种贝利日那的英雄的过去。而谋划着要与新政府联合的人当然不会选择这样的过去。但是，反之亦然，他之所以只有半饷，并在勉强过得去的贫困中生活，他之所以变得日益激烈，并希望皇帝复辟，是因为他是从俄国退役回来的英雄。

——《存在与虚无》

他（拿破仑的军官）的行动就是为了使自己无愧于他选择来补偿他现在的穷困潦倒的过去的荣誉。他表现为誓不妥协，他失去了领取抚恤金的一切机会：这是因为他"不能"毁了他的过去。

——《存在与虚无》

我们在某种目的的启示下选择我们的过去，但从这时起，它就变成必要的并把我们吞没了。

——《存在与虚无》

我们正是为了将来才评价我们的过去本身。

——《存在与虚无》

从逻辑上说，对过去的要求是一些假设命令："如果你希望有这样的过去，那你就这样或那样地行动吧。"

——《存在与虚无》

我的自由选择不仅决定过去的内容和这个内容的秩序，而且还决定我的过去和我的现在之间的牵连。

——《存在与虚无》

作为人与人之间的技术关系的封建性是不存在的，它只是一种纯粹的抽象，而这抽象是被这样忠于其领主的人的许许多多的个人谋划所支持并超越的。因此，我们丝毫不指望达到一种历史的唯名论。

——《存在与虚无》

我不想说封建性就是君主和廷臣关系的总和。相反，我们认为封建性是这些关系的抽象结构；在这个时代中，一个人的所有谋划都应当实现为向着这个抽象环节的具体的东西的超越。

——《存在与虚无》

十一、论 伦 理

本身把自己看作是为了别人、和别人有着某种关系的本身，就是我称之为道德意识的东西。

——《外国哲学资料》

地上的寂静而平稳的占有的忠诚就是善的定义。

——《谢奈论》

恶是完全、直接被想象的东西。

——《谢奈论》

恶为了存在就需要我，那是毫无根据的。更确切地说，恶仅是由于它的虚无而成为炫目的，……结果，恶仅是和我们对此的态度密切相关的东西。

——《谢奈论》

恶只是在某种特定的意识——即善人的意识中出现时存在的。

——《谢奈论》,《存在主义美学》

恶就是——要求捆住它、固定它的意识；在看的人不在时就消失——的假象。

——《谢奈论》

善的价值假设了是存在于世界之中的，这些价值涉及到对现实的东西的作用，而且从一开始就接受了现存的那种模糊性。

——《想象心理学》

将道德的东西同审美的东西混淆在一起是愚蠢的。

——《想象心理学》

当我寻找他时他逃离了我，而当我逃离他时他又占有了我。我甚至希望按康德的道德箴言，以别人的自由作为不受制约的目标而行动，……我恰恰应该把处境中的别人当作工具性对象。因此，我唯一的权力是改变对别人而言的处境和对处境而言的别人。

——《存在与虚无》

我之所以安慰别人，安抚别人，是为了使他人的自由从使之神伤的恐惧或痛苦中解脱出来。

——《存在与虚无》

安慰者造成自由和悲痛间的一种任意的区别，安慰者使自己与使用"理由"和寻求"善"相同化，而悲痛于安慰者似乎是一种心理决定的结果。

——《存在与虚无》

为了使自由从悲痛中解放出来而行动就是为反对自由而行动。

——《存在与虚无》

在道德的禁令和社会的禁忌背后，至少在人们称之为性厌恶这种特殊形式的混乱之下，情欲的原始结构仍然存在。

——《存在与虚无》

不应该相信，一个"听任"和宽容的道德更多地是尊重他人的自由：一旦我存在着，事实上我就给他人的自由设置了一个界限，我是这个界限，并且我的每一谋划都围绕别人勾画出这种界限。

——《存在与虚无》

仁慈、听任、宽容——或所有弃权的态度——是我本身的自我约束并以他人的誓言约束他的谋划。

——《存在与虚无》

对他人实行普遍宽容，就是用强力把他人抛进一个宽容的世界。这就是原则上夺去了他们勇敢反抗、不屈不挠、独断独行之类的自由的可能性，过去在一个不宽容的世界中，他们是有机会发挥这些可能性的。

——《存在与虚无》

尊重他人的自由是一句空话：即使我们能假定尊重这种自由的谋划，我们对"别人"采取的每个态度也都是对于我们打算尊重的那种自由的一次践踏。

——《存在与虚无》

我正是面对别人才是有罪的。

——《存在与虚无》

原罪，就是我在有别人存在的世界上涌现，并且不管我与别人的关系是什么样的，这些关系也只是我有罪这原始主题的多样化。

——《存在与虚无》

我在我的存在本身中是对他人有罪的，因为我的存在的涌现无论如何给他一维新的存在，并且另一方面，无能利用或补救我的过错。

——《存在与虚无》

一个自为在它的自我历史化过程中，经验到那些不同的灾变，由于它完全认识到了它以往努力的虚浮，而能决定自己置别人于死地。这种自由决定被称为憎恨。

——《存在与虚无》

憎恨意味着承认别人的自由。

——《存在与虚无》

憎恨是一种阴暗的感情，即旨在消灭一个别人。并且作为谋划，它自觉地谋划去反对别人。

——《存在与虚无》

憎恨祈求被憎恨。

——《存在与虚无》

憎恨是一种失败。……为了把消灭别人体验为憎恨的胜利，这种消灭就意味着明确承认他人曾存在。

——《存在与虚无》

一种人倨傲地和轻描淡写地对他们犯下的错误进行忏悔，而这同一种忏悔对别的人来说却是不可能的。

——《存在与虚无》

相信便是有所自信。只是一旦它成为相信的意识，它也就不是认识的意识了。

——《想象心理学》

我们称作日常道德的东西是排除伦理性焦虑的。当我在那种与原始价值的关系中考察自己时就会有伦理的焦虑。

——《存在与虚无》

自欺永远摇摆于真诚和犬儒主义之间。

——《存在与虚无》

人们能在自欺中生活，这不是说人们就不会有突然被犬儒主义或真诚唤醒的可能，而是说这意味着一种稳定而特殊的生活风格。

——《存在与虚无》

自欺把握了一些明显事实，但是它事先就甘心于不被这些明显事实充满，甘心于不被相信并转化为真诚：它做出恭谦和谨慎的样子。

——《存在与虚无》

人们如同沉睡一样地置身于自欺之中，又如同做梦一样地是自欺的。一旦这种存在样式完成了，那从中解脱出来就与苏醒过来同样地困难。

——《存在与虚无》

　　人滥用真诚，使之成为反对他人的武器。不应该在"共在关系"中，而应该到真诚在其中是纯粹的那些地方去寻找真诚，到与自我针锋相对的关系中去寻找真诚。

——《存在与虚无》，《萨特研究》

　　事实上有一种来源于不信任、无知和恐惧的矜持心理，这种心理使我每时每刻都不能信任别人，或者使我过分信任。

——《七十岁自画像》，《萨特研究》

　　我们只有在力图对其他人做到襟怀坦荡的时候才能为我们自己照亮这个（不信任）阴暗区域。

——《七十岁自画像》，《萨特研究》

　　当人们有幸爱着他们批评的那个男人或女人的时候，人们做的批评如果不是很严厉就没有意思了。

——《七十岁自画像》，《萨特研究》

　　我器重那些要求一切的人。我自己也要求一切。自然人们不会达到一切，但是必须要求一切。

——《七十岁自画像》，《萨特研究》

　　道德的目标就是把存在的方法提供给人。此即斯多葛派的道德或斯宾诺莎的伦理学意义。

——《存在与虚无》

康德的道德是第一部伟大的伦理体系，它已作为取代存在而成为行动的最高价值。

——《存在与虚无》

共产主义者们的道德已蜕变为一系列明确详尽的义务，每项义务指向一种特殊的"作为"。

——《存在与虚无》

十二、论马克思主义

我把马克思主义看作我们时代的不可超越的哲学。

——《对于一种方法的探求》

马克思主义的生命力远不是已经枯竭了，它还正年轻，几乎还在童年，它好像刚刚在开始发展，所以，它仍然是我们时代的哲学：它是不可被超越的，因为产生它的那些历史条件还没有被超越。

——《对于一种方法的探求》

马克思的命题在我看来具有一种不会过时的明确性：只要社会关系的变革和技术的进步还没有把人类从"匮乏"的压迫下解放出来。

——《对于一种方法的探求》

马克思主义，在像月亮吸引潮汐一样地吸引了我们之后，在改变了我们的全部思想之后，在清算了我们中间的资产阶级思想的种种范畴之后，它突然把我们丢弃了；它没有满足我们对理解的需要，……它再没有一点新的东西教育我们了，因为它自己已经停滞了。

——《对于一种方法的探求》

马克思主义如果不把人本身作为它的基础而重新纳入自身之中，那么，它就将变质为一种非人的人学。

——《对于一种方法的探求》

存在主义和马克思主义所注意的是同一个对象，但是后者把人吞没在观念里，而前者则在凡是人所在的地方——在他的劳动中，在他的家里，在马路上，到处去寻找人。

——《对于一种方法的探求》

一旦马克思主义的研究把人的高度（即存在的计划）作为人学的基础而加以掌握的时候，存在主义就再没有存在的理由了，它被哲学的总体化运动所吸收、超越和保留，而不是作为一切研究的基础的一种特殊的研究了。

——《对于一种方法的探求》

马克思主义者就倾向于把一个行动和一个思想的实在内容当作一个假象，而当他把个别消溶于普遍的时候，就踌躇满志地认为他已经把假象还原为真理了。

——《对于一种方法的探求》

瓦莱里是一个小资产阶级的知识分子，这是毫无疑问的。但是，一般的小资产阶级的知识分子却不是瓦莱里。当代马克思主义的探索方法上的缺点就在这两句话上。

——《对于一种方法的探求》

必须在不背离马克思主义理论的原则上找到各种中介因素，只有这些因素才能够产生个别的具体、生活，实在的和有时间性的斗争、以生产力和生产关系的一般矛盾为根据的人物。

——《对于一种方法的探求》

庸俗马克思主义采纳了精神分析而又加以扼杀；它把精神分析变成一种死的概念而极其自然地给它在一个枯萎的体系中找到位置，说这是戴着假面具卷土重来的唯心主义，是精神世界的拜物教的化身。

　　　　　　　　　　　　　　　　　——《对于一种方法的探求》

　　许多年来，马克思主义的知识分子违反经验，不顾一切使他们感到麻烦的细节，粗暴地把条件简单化，尤其是在研究事实以前就把事实概念化。

　　　　　　　　　　　　　　　　　　　　——《辩证理性批判》

　　唯心主义的马克思主义似乎挑选了一种最容易的解释：由于完全被先已存在的种种环境条件所决定，这就是说，归根到底，被经济条件所决定，所以人是一个被动的产物，是一堆条件反射的总和。

　　　　　　　　　　　　　　　　　　　　——《辩证理性批判》

　　成为马克思主义的力量和丰富性的，乃是就其总体去阐明历史过程的那种最根本的意图。

　　　　　　　　　　　　　　　　　　　　——《辩证理性批判》

　　我们无保留地同意《资本论》中马克思旨在用以规定"唯物主义"的这个公式："物质生活的生产方式，决定着社会生活、政治生活以及一般精神生活的过程。"

　　　　　　　　　　　　　　　　　　　　——《辩证理性批判》

　　历史唯物主义提供了对历史的唯一合理的解释，而存在主义则仍然是接近现实的唯一的具体道路。

——《对于一种方法的探求》

一切唯物主义的结果，都是把一切人（包括这位正在做哲学思考的人在内）看成是东西，即是说，把人看成是一堆受必然关系决定的反应所组成的总体，和构成一张桌子、椅子、一块石头的现象和性质的总体毫无相异之处。我们明确地希望把人类世界建立为一个和物质世界有所不同的价值总体。

——《存在主义是一种人道主义》，《人道主义、人性论研究资料》

马克思主义绝不是被二十世纪的一种独裁制度用来作掩护的一种十九世纪德国或英国哲学。

——《七十岁自画像》，《萨特研究》

马克思主义有些主要方面是站得住的：阶级斗争、剩余价值，等等。

——《七十岁自画像》，《萨特研究》

对于马克思来说，正如对于黑格尔来说一样——尽管他把辩证法头足倒置了——正是人类现实的总体这个概念，使得人类现实发展的每一辩证的环节成为可理解的。

——《科学和辩证法》，《人和世界（国际哲学评论）》

我所理解的马克思主义乃是以一种历史的内在辩证法为前提的历

史唯物主义，而不是辩证唯物主义，如果你们把辩证唯物主义理解为这种自以为发现一种自然辩证法的形而上学的梦想的话。

——转引自伽罗迪：《人的远景》

辩证唯物主义把自己缩小成为关于物理化学和生物学等科学的一种空洞的言论，词藻虽丰富，思想却懒惰，它掩盖着最墨守成规的分析的机械论。

——转引自伽罗迪：《人的远景》

如果像某个作者所意谓的，要把辩证唯物主义理解为一种假定从外面控制着人类历史的一元论，那么，我们就不得不说没有像辩证唯物主义这样的东西。

——《辩证理性批判》

辩证法是一种方法和一种在对象中的运动。

——《辩证理性批判》

在辩证法家那里，辩证法是建立在既与现实的结构，又与我们实践的结构有关的基本主张上面。

——《辩证理性批判》

我们断言认识过程是辩证的，同时又断言对象（不论它是什么东西）运动本身也是辩证的。而且这两种辩证法是同一个东西。把这两种命题拉到一起，它们本身就是一种有组织的知识的形式，或者，换句话说，它们规定着世界的合理性。

——《辩证理性批判》

自然辩证法，它不能是形而上学的假定之外的任何东西。

——《辩证理性批判》

在实践中发现辩证理性，然后，把它当作无条件的规律投射到自然界，然后回到对社会的研究，声称自然的这种难以理解的、非理性规律制约着社会，这一套程序在我们看来是完全的脱轨。

——《辩证理性批判》

恩格斯……相信能够用比较、类推、抽象、归纳等等非辩证的程序，从自然界抽出它的辩证规律。在事实上，辩证理性是一个整体，而且必须自己确立自己或辩证地确立。

——《辩证理性批判》

如果辩证法作为人的无条件的规律从外面控制人的话，宇宙就变成一个梦。

——《辩证理性批判》

在一种意义上，人像臣服于一种敌对力量那样臣服于辩证法，而在另一种意义上，人创造辩证法；而如果辩证理性是历史的理性，这个矛盾其本身就必须历史地生存下去，这就意味着人在其创造辩证法的范围内被辩证法所控制，又在人被辩证法控制的范围内创造辩证法。

——《辩证理性批判》

辩证法应当在许多的人同自然界、同种种"既定条件"的关系之中和人与人的关系之中被探究。在这里，它会找到作为各种计划彼此冲突的结果的源泉。

辩证法本身只是在存在的基础上作为历史和历史的理性而出现的，因为辩证法从其本身说来乃是实践的发展。至于实践本身，如果没有需要，没有超越，没有计划，则是不可设想的。

——《对于一种方法的探求》

如果我们不想把辩证法重新变成一种神的法则和形而上学的宿命，那么，它必须来自一个个的个人，而不是来自我所不知道的什么超个人的集合体。

——《辩证理性批判》

如果人们不愿意在个人之中和个人创造他的生活并把自己客观化的活动之中看到原始的辩证运动，那么就应当抛弃辩证法或者把它看作历史永恒规律。

——《对于一种方法的探求》

辩证法如果存在的话，那就只能是总体化过程中许多的个别性所造成的许多具体的总体化总汇，这就是我所说的辩证法的唯名论。

——《辩证理性批判》

辩证法乃是总体化的活动，除了由正在进行的总体化所产生的各项法则之外，再也没有别的规律。

——《辩证理性批判》

如果像恩格斯……那样，只限于列举辩证法的规律，而这些规律的每条都不是作为揭示辩证法总体的一个"侧面"的时候，那么，辩证法的可理解性是不可能出现的。

——《辩证理性批判》

辩证规律的可理解性只来源于这样一个事实，即这些规律是一种总体化运动的特殊化，这种总体化运动是永远在继续并构成作为总体的社会，从整体的角度来看，社会永远在组织自己，改造自己，重新塑造自己。

——《科学和辩证法》，《人和世界（国际哲学评论）》杂志

人们倘若立足在总体化的观点上，那么，每一条所谓辩证法的规律就会找到一种完全的可理解性。

——《辩证理性批判》

辩证法，作为存在又作为方法，从总体的观念来看，是可以具有一种意义深远的可理解性而且是半透明性的。

——《科学和辩证法》，《外国哲学资料》

打开历史辩证法的钥匙就是马克思《哲学的贫困》中的一句名言：生产关系构成一个整体。

——《科学和辩证法》，《外国哲学资料》

辩证法本身的一种半透明性，这种半透明性来于辩证法所不可分地联系起来的东西，即思维的存在和存在的思维。

——《科学和辩证法》，《外国哲学资料》

社会主义不是一个确信，而是一项价值：这是自由把自身当作目的。

——《七十岁自画像》，《萨特研究》

十三、其 他

为了造就其意象，我们却又有意识地赋予照片以活力，使之具有了生命。

——《想象心理学》

理解是一种永无休止的运动，它是心灵通过另一意象对某一意象做出的反应，通过另一意象对这一意象做出的反应；如此往复，循序渐进，以至无穷。

——《想象心理学》

渴望的满足绝不会不折不扣地得到，这显然因为有一道鸿沟使现实的东西与想象的东西区分开来。

——《想象心理学》

记忆之不同于审美的态度，正如记忆不同于想象一样。

——《想象心理学》

一个人孤零零地生活的时候，就会连什么叫作"告诉别人"也不懂了。

——《恶心》，《萨特研究》

沙漠是无数毫无价值的沙堆，在明净虚幻的天空下幻影幢幢，它既无欢乐又无忧伤，但它阴森可怕。

——《苍蝇》，《萨特研究》

科学家和哲学家一样缺乏谨慎。他们的确可能成为偏见的真正牺牲品。

——《科学和辩证法》，《外国哲学资料》

我们摆脱困境的唯一办法，就是接受从广延的方式和思维的方式的完整的平行论。

——《影像论》

心灵是一个"影像的珊瑚骨"。

——《影像论》

模糊来源于一切运动都在其自身中包含着宇宙的运动的无限性，来源于大脑接受无穷的变化。

——《影像论》

一切自由的谋划都是开放的谋划，而不是封闭的谋划。

——《存在与虚无》

死远不是固有的可能性，它是一个偶然性的事实，作为事实它原则上脱离了我，而一开始就属于我的散朴性。

——《存在与虚无》

死是一种纯粹的事实，就和出生一样：它从外面来到我们之中，它又将我们改造为外在的。

——《存在与虚无》

人的实在将依然是有限的，即使没有死也是一样，因为他在自我选择为人类时自我造就为有限的了。

——《存在与虚无》

我不是"为着去死而是自由的"，而是一个要死的自由的人。

——《存在与虚无》

动作，不管是什么样的，都把已然的改换为未然的。它在不破坏旧秩序的情况下就不能进行。因此，行动就是不断的革命。

——《谢奈论》

行为是活的，变化的。

——《谢奈论》

所谓具体就是历史，而行动就是辩证法。

——《辩证理性批判》

真正的脑力劳动要求孤独。

——《七十岁自画像》，《萨特研究》

人们不需要让别人钦佩：他们都是一样的，都是平等的。重要的是他们做的事情。

——《七十岁自画像》，《萨特研究》

钦佩这种感情意味着人们不如他们钦佩的那个人。……器重，这才是人们可以要求一个人对另一个人怀有的真正感情。

——《七十岁自画像》，《萨特研究》

目前可能有的最深刻的交谈是知识分子之间的交谈。不是因为知识分子比非知识分子更接近真理，而是因为，在目前情况下，他们有知识，有一种思想方式，……这使他们在了解自己和别人方面能够达到某一点，不是知识分子的人自然达不到这一点。

——《七十岁自画像》，《萨特研究》

知识分子应该做团体的成员，参加团体的行动，同时要坚定地维护原则并且批评团体的行动，如果这个行动背离原则。

——《七十岁自画像》，《萨特研究》

大部分现代物理学家有充分的理由认为自然界是一种无限性，而且我们甚至可以说它是无限的无限的东西。

——《科学和辩证法》，《外国哲学资料》

对立物的对立只有在总体化过程中作为部分与整体、整体与部分、部分与部分以及整体与其自身的对立才有意义。

——《科学与辩证法》，《外国哲学资料》

幸福既不全是一种状态，也不全是一种行动，而是死的力量和生的力量之间、接受和拒绝之间的那种紧张局面。

——《答加缪书》，《萨特研究》

尽管毁灭是通过人达到存在的，它却是一个客观事实而非一种思想。

——《存在与虚无》

庸俗这概念本身就包含一种单子之间的关系。单独一个人不会是庸俗的。

——《存在与虚无》

十四、拾　贝

人命定是自由的。

当我活着的时候，我要做生命的主宰，而不做它的奴隶。

生活给了我想要的东西，同时又让我明白这一切没什么意思，你有什么办法？

我感到我的疯狂有可爱之处，那就是起了保护我的作用，从第一天起就保护我不受争当"尖子"的诱惑。我从来不以为自己是具有"天才"的幸运儿。我赤手空拳，身无分文，唯一感兴趣的事是用劳动和信念拯救自己。这种纯粹的自我选择使我升华而不凌驾于他人之上。既无装备，又无工具，我全心全意投身于使我彻底获救的事业。如果我把不现实的救世观念束之高阁，还剩什么呢？赤条条的一个人，无别于任何人，具有任何人的价值，不比任何人高明。

人是什么只是指他过去是什么，将来并未存在，现在是一个联系着过去和将来的否定，实际上是一个虚无。因此，人注定是自由的，自由是人的宿命，人必须自由地为自己做出一系列的选择，正是在自由须选择过程中，人赋予对象以意义，但人必须对自己的所有选择承担全部责任。

人生是一条铺满燃烧着的炙热的煤炭的环形跑道。

如果试图改变一些东西，首先应该接受许多东西。

青春这玩意儿真是妙不可言，外部放射出红色的光辉，内部却什么也感觉不到。

我是在书堆中开始我的生活的，就像毫无疑问地也要在书堆中结束我的生命一样。

他比我大两岁——他从这两年中已赚到不少好处。

尽管自己选择的使命是美丽的、崇高的和神圣的，但责任太沉重了，到头来被重负压得粉碎。回首往事，就像从失恋中解脱出来的斯旺所说："真想不到我为一个对我不合适的女人而……"

我自称是受百姓拥护的救星，其实私下里为了我自己得救。

内心贫乏和感到自己无用，促使我抓住英雄主义舍不得放下。

把艺术作品看作超验的成果，以为每件作品的产生都有益于世人。

在我们之间存在着必要的爱情；但同时我们也认识到，需要偶然的爱情。而这一感情究竟能持续多久，不应受到感情以外的因素，诸如法律的干扰。

生活中无所不有，人们绝不会放弃生活。

写作的欲望包含着对生活的欲望。

存在先于本质。

世界是荒谬的，人生是痛苦的。

他人即是地狱。

为了使我被别人认识，我必须拿自己的生命冒险。

对于低下于我者，我一律平等对待，这是一个善意的谎言，我之所以这样说，为的使他们幸福。

我接受了这出戏，但我要求主角。

我活着是因为我已经开始活着了。

如果人的实在局限于我思的存在，它就只能有一个瞬间的真理。

自我不能是自在的存在的一种属性。就其本身而言，它是一个被反思者。

我处处都是我，我不可逃避我自己，我从后面重新把握我自己。

我的位置将不是一个聚焦点，而是一个出发点。

野心勃勃，就是谋划着去获得王位或荣誉，它不是一种促使人去获得的材料，而就是获取本身。

憎恨意味着承认别人的自由。

行动吧，在行动的过程中就形成了自身，人是自己行动的结果，此外什么都不是。

生活给了我想要的东西，同时又让我明白这一切没什么意思，你有什么办法？

当我活着的时候，我要做生命的主宰，而不做它的奴隶。

附录1 萨特生平

1. "孤独者"的经历

让·保罗·萨特(1905—1980)是法国当代最负盛名的哲学家、文学家及社会活动家。以他为代表的存在主义思潮，曾风靡欧美，并在世界范围内产生广泛影响。萨特曾极力以存在主义去修补马克思主义，因而被西方人士称为一个"不断地以人的名义和人的自由的名义向现代世界提出抗议，想恢复人的价值"的较激进的思想家。

萨特于1905年6月21日出生在巴黎一个小资产者家庭。他出生第二年，其父便染病死去。后母亲改嫁，萨特便随外祖父生活。他外祖父是位学识渊博的语言学教授，萨特的整个童年就是在这种文化氛围中度过的。中学时代，萨特就读于巴黎著名的"亨利四世中学"。1924年，他考入法国著名学府巴黎高师学校，并先后结识了后来在法国哲学讲坛声名显赫的保罗·尼赞、梅劳·庞蒂和雷蒙·阿隆，"度过了一生中最舒心的四年"。后来，他们都成为法国思想界叱咤风云的人物。

可以说，在高师期间，业已奠定了萨特哲学思想的现象学基础。他最早接受的是柏格森的"直觉主义"中关于"绵延"的学说。同时，笛卡儿的"我思故我在"的哲学对萨特思想影响也很深远，这似乎是他后来存在主义哲学文化的根。他最早的论文——《心理生活中的想象》，便是对笛卡儿以来的关于想象概念的一篇初作。

1929年夏，萨特在大中学哲学教师资格考试时名列前茅，并有幸结识了参加会考的西蒙娜·德·波芙娃。此后，她便成为萨特以后50年生活、思想历程中的形影相随的伴侣及见证人。而波芙娃也成了仅次于萨特之后的法国存在主义思潮的代表人物。[①]

短期服役后，萨特到勒阿弗尔中学任哲学教师。1933年，他作为官费生赴柏林的法兰西学院攻读德国的胡塞尔和海德格尔的现象哲学。

柏林的学习，使萨特对胡塞尔、海德格尔、卡·雅斯贝尔斯等哲学家的著作有了较深刻的认识。此外，他还攻读了黑格尔及克尔凯郭尔的学说。克尔凯郭尔主张个人高于一切，个人的单一性、孤独性；强调存在对本质的决定地位和真理的主观性；认为人只有处于极端孤独、恐惧、绝望、空虚时，才具备认识自己存在的条件。这种主观唯心主义和非理性主义思想深深烙入萨特的脑海之中，他也从这种现象学——存在主义学说中，寻求到了从人的内部世界——意识出发来研究人、研究人的存在、研究世界上时空存在的方法。这奠定了萨特以后50年的哲学——文学活动的理论框架。

1934年，萨特在柏林潜心现象学研究。这年，纳粹分子在德国取得了政权，萨特目睹了希特勒党徒的暴行。10月，他从柏林回国，继续执教于勒阿弗尔。1939年9月，第二次世界大战迫在眉睫，萨特应征入伍。但他对政治毫无兴趣和热情，除了教书，他便整日沉浸于哲学的阅读、思索和写作之中。他把自己标榜为一个"孤独的人"、"绝对自由的人"。觉得自己不欠社会任何情分，社会也并非缺他不可。波芙娃回忆他们这一段生活时说：这尽管不是一片"空白地带"，但"我们没

---

① 萨特与西蒙娜·德·波芙娃终身相伴，却始终未履行结婚手续，这是他们关于爱情、家庭、子女问题的信念。

有孩子，没有家庭，没有责任：我们像是两个精灵。……像田野里的百合花一样，我们盛开着，环境养育了我们的错觉。"①人毕竟不是生活在真空中的，随着纳粹德国入侵波兰，英法向德宣战，这位"共和国中的自由分子"的萨特，也在硝烟弥漫的局势中改变了自己的"不介入"的政治态度，包括他的哲学和文学观点。他开始积极"介入"现实政治的漩涡。1941年3月底，萨特经过10个月的战俘生活后获释回到巴黎。他没有沉默，开始和波芙娃一起投入抵抗运动。为了抗击纳粹，宣传自己的政治主张，萨特骑自行车到处游说，与梅劳·庞蒂等知识分子建立了名为"社会主义和自由"的团体。他还积极与战时的法共接触，尽管未能成功。1943年初，萨特参加了全国阵线的外围组织——全国作家委员会(CNE)，并执笔写作，号召人们团结起来抵抗德国法西斯。

1944年，巴黎解放。萨特此时终于抛弃了他原有的"哈姆莱特式的犹像"，积极推行"社会主义与自由"的运动纲领，力求寻找出一条独立不倚的介于美苏之间的"第三条道路"。当然，这条道路明显地偏向"东方"。

1945年，萨特为主编的法国《现代》杂志正式创刊。它既是萨特的"第三条道路"的政治讲坛，又是存在主义哲学的理论园地。与此同时，萨特的存在主义哲学思想已经成为欧洲各种刊物的热门议题，成为各种聚会、夜总会、咖啡馆、公园包括家庭餐桌前人们最热心争论的话题，甚至被用于服饰打扮，成为时髦青年的特殊标志。1948年，萨特参与组建法国"革命民主联盟"，任联盟执委。他的目标是消除法共的官僚化弊端，推动法国政府摆脱美苏阵营，走"第三条道路"，促进法兰西成为"非斯大林主义的社会主义"社会。结果，法共不理解他，联盟领袖卢塞也为难他，苏共更是视他如"政治丑类"，梵蒂冈教廷则将

---

① 马克·波斯特：《战后法国的存在主义的马克思主义》，普林斯顿大学出版社1975年版，第81页。

其著作列为禁书。最后，他终于退出联盟，政治上逐渐倾向苏联及"毛的中国"。并先后与多年挚友加缪和梅劳·庞蒂产生重大分歧，特别是关于苏联"集中营问题"，双方开始决裂。

朝鲜战争爆发后，萨特曾更加接近苏联和法共，但 1956 年的布达佩斯事件，却改变了萨特的态度，他开始谴责苏联是想把欧洲"放置其脚下"，与苏联及法共翻了脸，重又操起了他的"第三条道路"的主张。

1954 年，萨特公开支持阿尔及利亚的民族独立运动，反对法国的殖民统治。20 世纪 60 年代初，他组织了著名的"罗素法庭"，号召反对美国的侵越战争，以巨大的道义力量，影响了西方世界的战时舆论。1964 年，萨特拒绝了瑞典皇家学院的该年度的诺贝尔文学奖。1968 年，苏军入侵捷克，萨特在报界声称苏军的行为是一种"战争罪行"。为此，他被称为世界进步力量的朋友及"二十世纪人类的良心"。

1968 年 5 月，法国成千上万名学生、工人爆发了声势浩大的"五月风暴"，运动期间，萨特始终站在学生和工人一边，并号召知识分子同他们结合起来，抵抗戴高乐的"异化了的制度"。运动过后，他还积极支持左派青年、学生的反政府活动。1975 年，萨特失明，告别了政坛活动，停止了长达半个世纪的写作生涯，开始了以谈话和讲座方式总结和回顾自己一生的暮年生活。1980 年 4 月，萨特在巴黎逝世。世界失去了一位优秀的文学家和哲学家，一颗思想明星陨落了。

2. "骂娘的人"

萨特作为一位从事精神生产的智力劳动者，一生勤于著述，著作繁多，为人类留下了丰厚的文化遗产。他的作品，大都针对社会各种重大事件和"危机"，不隐私见，锋芒毕露，往往一针见血，被西方世界称为善于"骂娘的人"。他是一位从不回避当代世界的各种冲突和矛盾、勤于用著作来表现"自我"的社会的精神叛逆者。

　　萨特的第一部哲学著作《想象》，于1936年发表于柏林。这是他存在主义思想形成的早期产品。书中列举了关于想象与事物、想象与知觉、想象与思维等范畴的矛盾，提出了"两种存在"的哲学观点，这为他后来的《存在与虚无》奠定了思想基础。1939年，萨特发表《情绪理论初探》。1940年，《想象物》问世。这两部著作，进一步阐述了他的"两种存在"哲学观点，为其存在主义哲学大厦构筑了有悖于传统的非理性的逻辑框架。1943年，萨特的哲学巨著《存在与虚无》问世。该书发展了海德格尔的学说，系统地论述了关于"存在"的理论，并对意识的结构做出了超出现象学的分析。他认为：个人的存在是世界万物存在之源。还提出了个人的"绝对自由说"，它构成了全书的内容核心和基本线索。《存在与虚无》是萨特的存在主义哲学的代表作，作为一种新的哲学体系，影响了自1945年以后几十年间欧美一代人的心理时尚。二战结束后，萨特积极撰述，活跃在法国的思想舞台上。他先后发表了《存在主义是一种人道主义》、《答加缪书》、《犹太问题随感录》、《唯物主义与革命》、《存在主义和马克思主义》等作品，宣传自己的哲学主张，进入了他最为政治化的时期。萨特则称自己这一时期确已"告别了文学"。20世纪60年代，萨特的《辩证理性批判》、《科学与辩证法》等书相继问世。《辩证理性批判》（1960年）是他的《存在与虚无》在系统表述了一种存在主义现象学辩证法后，又在"存在主义的马克思主义"基础上，完成的一种存在主义的社会辩证法的著作，他因而成为20世纪60年代末法国"五月风暴"运动中新左派的精神导师。由于萨特在《辩证理性批判》中对马克思主义"补充"了关于人类创造历史过程中的主观企图的内容，因而在"西方马克思主义思潮"中具有极大的影响。

　　萨特曾一再称自己是一位"不甘寂寞的孤独的老人"，这与他把深刻的哲理引入小说、戏剧等文学领域中的几十部作品的"辛勤的蜜蜂样的工作"相对照，却是过于自谦了些。作为文学家，萨特作品浩瀚，体裁广泛，主要有小说、戏剧和文学评传，还包括众多的杂文及政治性的文论。他的中篇《恶心》、短篇集《墙》、长篇《自由之路》小说，以存在主义的现象学为指导，用哲理性的语言表达了他对社会的"恶"的对抗和他对资本主义世界现实的客观感受和思考；用具有鲜明政治色彩和强烈爱憎感的语言鞭笞了法西斯的血腥的白色恐怖，揭露了法西斯的惨无人道的精神折磨和肉体毁灭，表现了政治战争的那种"极端的恶"。萨特还通过"个人的自由选择"的原则，对资本主义现实中那种丑恶的灵魂、自私而卑劣的人生及相互仇杀的人与人之间的关系进行了深刻的解剖及嘲讽。主张积极的个人自由选择，否定消极的逃避命运的行为。他的著名剧本《苍蝇》、《间隔》、《密室》、《死无葬身之地》、《毕恭毕敬的妓女》、《肮脏的手》、《魔鬼与上帝》及《涅克拉索夫》等，既反映了战时世界的恐怖、丑恶及荒诞，又反映了战后世界的纷乱、歧视与偏见，对社会不合理的存在进行了淋漓尽致的批判和嘲弄，表现了萨特的积极进取、面向人生的斗争精神。作为文艺批评家，萨特为后人留下了三部经典式的文学评传：《波德莱尔》、《圣徒谢奈》和《福楼拜研究》。在《圣徒谢奈》一书中，萨特把"自由"的范畴加以具体化，"证明这种自由在与命运搏斗时，起初被一些灾难所压垮，继而又转回来，逐渐地消除它们；说明才能不是天赋的，而是处于绝望境地的人们所创造的道路[①]"。他认为谢奈既是一个叛徒，又是一个圣徒；既是

---

① 马克·波斯特：《战后法国的存在主义的马克思主义》，普林斯顿大学出版社 1975 年版，第196 页。

一个罪犯，又是一个"现代人"的"英雄"。正是谢奈的生活道路，完全实践性地证实了个人自由选择的存在主义理论，并痛快地刺痛了资本主义社会存在的某些神经。而在《福楼拜研究》一书中，萨特进一步提出了个人与社会"会合"的学说，把弗洛伊德与马克思学说之间架起了一座桥梁，阐明了个人的自由选择的创造性的活力是重要的，但毕竟要受社会环境的制约。另外，萨特的小说《词语》（1964 年）及晚年的自传体《七十岁自画像》（1975 年）两部作品，也充分体现了他作为哲学家和文学家战斗一生的"种种境况"。

萨特的文学著作中渗透着其存在主义的精神，他所从事的政治活动和社会活动也从未摆脱存在主义世界观的制约；在哲学上，尽管走在弗洛伊德的精神分析学和马克思主义的唯物辩证法之间，尽管更加靠近马克思主义一边，但他在其思想发展的后期却宣布了在马克思主义和存在主义之间他宁愿选择存在主义。这便是矛盾、多变的萨特的精神全貌。由于萨特的著作总是与当代资本主义分庭抗礼，所以资产阶级学者们说他"成不了良心"，处处遭受冷遇与白眼。

3. "并没走完的路"

由于萨特思想的精深、宏阔，他在当今哲坛享有极高的声誉；又由于萨特思想的矛盾性、多变性，他也受到了不少的非难和挑剔。法国前总统德斯坦曾说："萨特的逝世使我们感到人类智慧的一盏明灯熄灭了。"《华盛顿邮报》则把萨特称之为"他那一代知识分子的伟大榜样"。社会学家莫兰认为萨特是当代"左翼知识分子的发言人、象征和英雄"。我国学者柳鸣九则认为萨特是"属于世界无产阶级的，正如托尔斯泰属于俄国革命一样"。相反的观点认为:萨特不过是"在口头上同情马克思主义",实际上"倾向于垄断资本主义"的人物。还有人说萨特是帝国主义安插在社会主义思想阵营中的"特洛伊战争的侠客",是"现代帝国主义的思想雕刻匠和磨工"。更有甚者说:萨特"不理解社会,犹如他不理解自己一样。他是一个面向孤独而背向世界的哲学狂人"。

萨特的存在主义哲学主体上由他的"现象学的本体论"、"自由的哲学观"、"自我选择的价值观"及"行动哲学"和"人学辩证法"等四个部分构成。首先,萨特认为,现象即本质。现象自身是一种实体的存在。但存在的现象并不等于现象的存在。现象表现的不是无数现象之和,它只是证明有"存在"存在,而"存在"本身却不是通过现象去认识的,而是通过苦恼或恶心等内心的体验来把握的。这种超现象的存在即是一种意识的存在,其本质是个"虚无"。同时,萨特又肯定了意识是依赖于物质而存在的,虽然这本身是一对矛盾。他又认为,虚无不能自己存在,必须依赖另外一个存在。这里,萨特的企图是极力克服唯物与唯心的对立,从而建立他的现象学的一元论。萨特认为,世界上有两种存在:一是"自在",即世界的存在;一是"自为",即人的存在。而"自为"成为他的《存在与虚无》的核心范畴。实际上,萨特强调"自为"的绝对价值。他讲"自由的个人站在画面的中心,他自由选择着自己的价值,并经常超越其自身,按照他自由选择的理想走向未来"。本质上,它是一种主观唯心主义的"发散规律"的内在显现。其次,萨特的"自由观"是他存在主义哲学的重要部分。这种自由哲学的核心就是强调个体"绝对自由的自我选择"。他从"存在先于本质"的原理出发,认为人的本质是自由的,人被"判处了自由这样一种徒刑",他的权力便是自由选择。同时,萨特主张人不应受必然性的奴役,否则人的自由就会受限制,人也只能变成一个"物"了。他还认为自由是无神的证明。这在否定了上帝的同时，也否定了客观规律的存在。上帝不能左右人，人即是上帝；客观规律也不能约束人，人是绝对的自由，这就是萨特自由哲学的结论。显然，个体的绝对自由具有无政府主义的色彩。第三，萨特的"自我选择的价值观"及他的"行动哲学"。在萨特的哲学中，价值被集中地用来表现人的价值。它贯穿于人的存在、人的自由、人的道德选择和道德责任等问题之中。他认为，存在才能成为价值，而价值则不能成为存在。价值概念是超验的，超出人的自我存在，又与其自我存在相关。价值是偶然性的表现，是一种非理性的属性。世界上不存在什么天降的价值标准，因而社会的伦理规范是一种虚拟的"伪道德标准"。价值自身并不存在，只是由于人的自由选择价值才成其为价值。价值来自虚无，被人的自由意志所决定。萨特不自觉地承认了价值存在的盲目性、偶然性、放任性和下意识的随意性的意义。这是与他的人的存在是荒谬的，世界的存在是人恶心、作呕的价值观相一致的。另一方面，萨特又主张人的个体的道德选择在与人类整体的利益发生冲突时，也不能任性而为，也应顾及到道德的诚实与自我控制，不能摆脱道德的责任。这与他的蔑视道德责任的理论并不矛盾。因为这些都必须建筑在道德价值不能泯灭人性的基础之上才有存在的意义。在关于存在主义是一种人道主义的论述上，萨特始终以"行动"来解释人。他说人的唯一希望是在他的行动内，行为是人的唯一出路。行动的权力包括参与和逃避、赞成和反对，其核心仍是个体的绝对自由，它是构成萨特无政府主义"行动哲学"的价值基础。第四，萨特的"人学辩证法"。萨特在探讨个人与社会、个人与历史的关系时，逐渐把目光投向马克思主义，试图把马克思主义与存在主义相融合，这便形成了他独特的"存在主义的马克思主义"的"人学辩证法"思想。这集中体现在他的《辩证理性批判》一书中。首先，萨特充分肯定了马克思主义哲学的"不可超越性"是一种有生命力的学说。然后，他又错误地认为马克思主义哲学"已经停滞了"。因为"人类社会的结构，同样取决于思想、感情，甚至诗意"①。这里，他宣布接受历史唯物主义，但又拒绝自然辩证法。他承认社会历史对个体的人的约束力和制约性，认为环境归根结底决定着人的存在，但又指出个体自由的绝对不可超越性。人不能成为社会历史的"自然物的锁链"，否则便会抹掉人的自由的创造性意义。显然，萨特不仅没有真正理解马克思主义关于人在社会历史中的地位的理论，而且还歪曲了这一理论。他说："作为的是人，而不是像雪崩那样的任何突发而不可抗拒的事物。"②这又明显地把客观历史规律与人的能动性相对立起来了。他还用"匮乏"的理论来解释人与社会的物质关系，认为正是由于物质财富的匮乏，才产生了人与人之间的压迫关系，从而引导了革命等暴力的发生。这并不是历史唯物论，而是社会达尔文主义的改头换面。这里，我们看到，萨特的"人学辩证法"对马克思主义抱着他"真诚的善意"，也提出了不少有参考价值的观点，特别是他主动接近并接受历史唯物论的勇气和做法，都是难能可贵的，尽管他的存在主义哲学的骨髓是主观唯心主义的。

把萨特贬成一个哲学上的侏儒，并寻章摘句地对他进行"彻底批判"，进而打入"黑哲学"的冷宫，显然是一种出自单纯的"义愤"的感情做法。公正地评价萨特，就必须看到其哲学中的积极内容——强调个体的自由创造性、主观能动性，这无疑对命定论及宿命论哲学是一种反动。他把人的存在看作一种自主的选择创造的权力，这也大大优越于那种消极被动的处世哲学。的确，萨特哲学承认世界的存在是荒诞

---

① 柳鸣九等：《萨特研究》：中国社会科学出版社 1981 年版，第 316 页。
② 萨特：《辩证理性批判》，商务印书馆 1963 年版，第 226 页。

的，人生是痛苦、孤独、悲剧性的，然而这种苦闷失望、悲观厌世的思想情绪不正体现了他——一个哲学"狂人"对资本主义现实的不满吗？在萨特的哲学中，人是最神圣的，上帝不过是人意志下的"工具性的产物"，他积极追求人的存在价值和创造价值，认为人性是不可泯灭的和神圣不可侵犯的，这表现了他的人道主义的积极成分。我们还应看到，萨特毕生努力把存在主义和马克思主义结合起来，这种对马克思主义主动的善意的亲近态度，多多少少表现了他作为一个资产阶级哲学大师的风度和襟怀，尽管他的这种做法有些蹩脚、拙笨，有些甚至是近乎于荒唐、可笑的。

附录 2　萨特的存在主义哲学简介

1.　从超越到反观

无你原非我——从超越到反观

从笛卡儿到胡塞尔，哲学家们都倾向于认为，先有"纯粹自我"的意识，然后才从此出发产生对外物的意识。这种纯粹自我意识，在胡塞尔眼里，就是对纯粹心理时间流逝的感受，纯粹的自我本身就是感觉在时间上的延续。纯粹自我就相当于白板意识，只有在白板上添加内容才有对象意识。

不过，萨特的解释恰恰相反。他认为，"意识"的本质就是"超越"。纯粹的"意向性"（意识指向某物），固然是以主体为起点，但所意向的对象则是主体以外的客体，而不是主体自身。意识发源于我，内在于我，但其对象却超越了我，不再是我。而在萨特的哲学中，纯粹"意识"可以说是是对外界纯粹的感知，是不带反思和总结的。纯粹"意识"其实就是我与外界事物遭遇时的存在方式，是人与世界发生互存关系的纽带。

"纯粹意识"包括知觉、想象和情绪，这些都是逻辑上先于"自我"的。知觉的对象永远是真实存在的客体，然而，按存在主义的观点，知觉是人与外界遭遇，即"在世之在"的表征，它既要有外物的依据，也要说明主体的状态，所以，"知觉"的一端是真实的外物对象，另一端则是人对外物的判断和否决。如果我对外物的判断与外物本身不一致，这就出现了错误和幻觉，这其实正说明了"意识"具有否定权的自由性，更说明了个人存在的自由性。比知觉判断更自由的意识活动是"想象"，它对知觉对象进行了更复杂、更自由的否定，"是人的自由性的标志"。"情绪"则不同于知觉和想象，后两者是认识活动。认识所反映的是被人此前的存在状态（抛置态）所决定了的因果世界，但情绪活动则连接着过去的必然世界与未来的可能世界，在后一个世界里，人有介入因果关系、改变现状的意志自由。正如夜间一只手突然伸进窗口，我对手并未伤害我的判断属于认知，而我对手可能即将伤害我的恐惧属于情绪，进而产生夺路而逃、避免伤害的意志冲动。总之，情绪活动是从认知到意志的更自由的超越，是对未来可能性的否定和选择。

萨特还认为，"自我意识"的产生是因为"他人意识"的存在，我感觉到了"他人"，然后才反思到"我自己"。为了说明"自我"产生的过程，萨特举了一个有趣的例子。一个人全神贯注地透过锁孔窥视房里的人，此时，这个人沉浸于所窥视的对象中，并未感到"自我"的存在。但如果我听到走廊里有脚步声，我就会意识到有另一个人在看着我，我就会产生"自我羞愧感"，自我意识就此产生。不过，我在萨特的例子里可以更细密地分析一下，我如何从"他人"反观到"自我"：由于"他人"同样是和我一样的主体，所以，"他人意识"不仅是我沉浸于对他人存在的感知，而且我下意识地以他人的视角来反观自己。在那一瞬间，我好像就变成了走廊里的那个人，并从他的眼睛里观察并鄙视那个偷窥的家伙，接着，我忽然发现那个偷窥的家伙就是我自己，从而产生自我羞愧感。当然，门廊里也许并没有人，但我仍然可以感觉到有一双外在于我的眼睛盯着我。所以，一旦我在"纯粹意识"的对象里设立一个外在于我的主体，并以那个主体反观我时，"自我意识"就产生了，它是主体以反思途径将自己客体化并牵制自己的特殊"意识"，从某种程度上说，它是对主体的异化，对自由的否定。

世界－意识－自我意识，这并不是一个时间的先后结构，而是个人存在的两极性。世界本身是被存在状态决定的，意识连接了人与世界，把世界转化为人的自由。然后，"意识"主体本身又被意识（反思），即"自我意识"，它把判决权交给了"他人"（或上帝），把自由还给了世界，而自己则被异化为被决定的客体了。从萨特的现象学结构里，我们看到了辩证法的影子。

2．他人是地狱？——人与人之间的冲突

人与人的主体际共在，容易走两种极端：一个极端是自己任别人摆布，还有一个极端是自己任意摆布别人。其实这反映了人与人间相处很难的人生苦恼——自己要么把别人当客体，要么自己变为别人的客体。无怪乎萨特说：他人是地狱。这种与他人共在时不可避免的矛盾冲突，这种冲突不光是你死我活的决斗，更是意识和情感上的困扰，从而造成人与人之间的若即若离、悲欢离合。这种矛盾的生存方式被萨特称为"为他之在"。

萨特还深有体会地说："爱情是冲突。"（体会来自于他与另一位哲人波芙娃的恋爱）男女双方，如果自己成为别人的对象，自己乐于按对方的意愿来展现自我，以满足对方的自由，那么这就是爱情。爱人的被占有不同于物的被占有，这种占有是精神的特殊方式，主客双方都在共享自由。但实际情况是，被爱者不可能完全成为对方的纯粹客体，被爱者也有自己的空间，需要独立于对方的意识之外，所以爱情不可避免地伴随着冲突。还有一种情况，男女双方，自己想把对方当作纯

粹客体而任意摆弄，这种是肉体意识，就是"情欲"。爱情很容易退化成情欲，所以，"灵与肉的冲突"成为了伟大爱情小说所津津乐道的题材。

的确，生活中还有"我们意识"——即若干人沉浸于共同的其他对象，而暂时消弭这些人之间冲突的状态。但这种非冲突状态在人类社会里永远是短暂的，个人存在的自由性和差异性注定了世上"没有永远的朋友"。不过，"我们意识"的出现是激动人心的，也是来之不易的，就像看球——数万球迷为同一支球队呐喊助威，你若身处其中，心情自会被感染得激动，产生很强的集体意识，然而假若旁边一个球迷奇怪地看了你一眼，你就会与他相互注视，集体意识立刻消失。

3. 存在与虚无

自在与自为——存在与虚无

在萨特的本体论中，他区分了两种存在——自在存在与自为存在。"自在存在"是独立于人的意识之外的存在，它是混沌的，静止的，不可描述的，无任何因果性、规定性的未知实体。按照存在主义观点，所谓时间、空间和因果性、规定性、个体性、结构性，都是人在与世界接触时主动存在的产物，是人的存在状态的反映，属于"自为存在"的性质，但这些都不属于与人无关的"自在存在"。这与康德关于物自体的观点很相似。

那么，"自在存在"是如何转化为"自为存在"的呢？那就是人把"自在存在"否定、虚无化。打个比方，一幅非常复杂的城市地图就这样摆在你面前，你在意识中显然看不出什么来。不过，你如果是主动地需要寻找或注意某些地点，那么就会有部分街道、建筑标识清楚地呈现在你面前，而其他的部分则被虚无化了，不能被你注意到。就像这张地图，"自在存在"本身包含有无限内容，无限逻辑，混沌一片，未经辨认。而人的意识的作用就在于按自己的意愿否定、分辨、分离，把无限充实并静止不动的"自在存在"部分虚空掉，使之成为有差别、相互分离，因而相互联系，可以运动的各种事物，即"自为存在"。

不过要注意，那些被意识显现出来的事实，并不是原本就在"自在存在"中的，意识对"自在存在"的虚无作用更不是简单的事实筛选。虚无是主体对"自在存在"下意识地主动塑造，使之具有清晰轮廓，故"自为存在"也反映了人自身的存在。"自为存在"并不是实体，而是人的存在的意识内容。"人正是使虚无来到世上的存在。"同样，只有对"自在"主动地改造实践，人才能认识世界，最终认识自身。

其实，人把外部世界"自在存在"虚无化为"自为存在"的过程，也是人对自身既定存在状态的改造过程——人同时也在把既定的"自在"的自我虚无化，看到自己所欠缺的部分，通过对生活的改造和实践，来不断实现自己新的可能性，即"自为"的变动的自我。

人对自我的"虚无"，与对世界的"虚无"，前者为后者的动机，后者为前者的依据。所以，"世界从本质上来说，是我的世界。没有世界，就没有自我性，就没有人；没有自我性，就没有人，就没有世界"。

4. 存在先于本质

存在先于本质——绝对自由，绝对责任

人的"存在"，是一个从过去推向未来的，自由选择以突破既定自我，实现新的可能的过程。"人除了他自己认为的那样以外，什么都不是。"萨特以此作为存在主义的第一原则。在个人的生活中，一切过去的情况，都是可以在未来改变的，所以，永远别以固定的"本质"来限定自己，自己在这一刻是自由的，选择改变，选择否定，或者选择维持现状，这都是选择，是自己的存在。所以，对于人来说，"存在先于本质"，人有绝对自由。

　　萨特的存在主义是彻底无神论的，他坚决反对外在的上帝对人的决定性。由于萨特相信，不管在什么情况下，人都有选择权。所以，萨特否认一个人行事时的任何客观理由，客观条件固然是有，但是否认接受条件的影响，则是由人自己说了算。很多人认为自己犯了什么错，是受了外在条件或过去状况的影响，但归根到底，至少他们任由这些客观因素发挥作用，而不想办法主动改变或制止，所以他们仍然不能推卸自己的责任。失去了外在真理或外在上帝的限定，人便有了做任何事情的自由，所以，人理应为自己所做的这一切负责，而不能推卸，这就是"绝对自由"的代价——"绝对责任"。若从心底里接受外物的限定，而没有意识到自己的绝对自由，更没有意识到自己的绝对责任的人，其实是在欺骗自我。

　　为什么人们普遍要欺骗自我，放弃自由呢？因为"绝对自由"并不会给人带来安乐，反而会带来巨大的无依靠感、惶恐感和责任感，这就是人生的"苦恼"。为了逃避这让人劳累的自由，人们学会了推卸责任，学会了自我欺骗。

5. 从个人主义到社会主义

从个人主义到社会主义——萨特与马克思的对话

　　存在主义从本质上来说，是一种个人主义，强调个人的绝对自由，反对外物的限定。然而，萨特在后期著作《辩证理性批判》中，其思路发生了重大转变，社会和自然环境、人的生理因素和心理因素的影响，不再是人可以自由选择的东西，这就是人"实践惰性"的结果，就是人的主体性的异化。萨特实际上企图把存在主义"马克思化"，尽管他坚决反对其唯物主义部分，但他认为马克思主义的社会历史理论是符合当代自由主义革命理论的"活的哲学"。

萨特吸收马克思主义的核心就是其历史辩证法，但对其作了个人实践论的改造。所谓历史辩证法，就是按时代精神解读评判历史事实，并且经历不断否定原有解释的辩证过程。

萨特探讨了对历史的认知如何随时代变化而不断更新的问题。他从个人的诞生开始解释，认为个人的诞生，是对自身无机物本质的有机性的否定，让无机界的规定性变为有机生命的自由性。然而，无机的自然界仍然会牵制人的生存，个人最终要回归到无机的自然中去，这是自然对人的否定。这是历史辩证法的第一个圆圈：人—物质—人—物质的连环中介，即物质需求与匮乏这一矛盾的辩证法。

接着，实践惰性又否定了前一辩证法，若干个人组成"群集"，成为物质生产的一个环节，人被异化，丧失主体性，而生产物的奴隶。接着又是否定之否定，产生生产力革命，个人的主体性再次被唤醒——个人摆脱了"群集"这一原始生产形式，建立具有生产分工的"集团"，从而提高了生产效率，超越既定的生存状况，实现了新的生活可能。这是历史辩证法的第二个圆圈：落后的生产力与新的生产方式的矛盾转化。

以后，实践惰性再一次否定了辩证法——生产集团的各部分被功能化，个人丧失主动性，变为生产机器某部分的零件，生产集团也蜕变为"人吃人"的官僚国家。随后个人意识再次被唤醒，反对现有官僚制度，引起新的革命……异化—革命—异化—革命—……历史辩证法就在这一循环中不断前进。

萨特认为，马克思主义是不可超越的当代哲学，而存在主义只是为了补充马克思主义的人本学空白。他从个人主义向社会主义的转向的努力，还可以从他对中国社会主义革命的支持中看出来。不过，存在主义的马克思主义毕竟是以个人的存在作为理论基础，而不是社会存在，而且，他是否在现实社会中找对了理想的寄托，这也是个值得商讨的问题。

6. 存在主义的马克思主义

20世纪50、60年代，萨特试图改变存在主义哲学的这一方向，转向马克思主义的研究，以求用马克思主义来改造存在主义，使存在主义成为一种积极的人生哲学。因而，在《辩证理性批判》等著作中，萨特建立起了存在主义的马克思主义思想体系。

存在主义的马克思主义并不是马克思主义，在本质上，它是存在主义的变种，但由于萨特在阐发他的存在主义的马克思主义时，大量地阅读了马克思的著作，一度被马克思思想的博大精深所征服，并时常以马克思主义者自居，这就造成了学术界长期以来存在着的一种误解，似乎萨特是一个用存在主义来补充马克思主义的马克思主义者。的确，萨特曾经说过马克思主义存在着一个"人学的空场"，存在主义可以为马克思主义输进新鲜的血液。事实上，萨特所做的工作恰恰相反，他自始至终都是一个存在主义思想家，他在20世纪50、60年代以后所做的工作，正是在极力用马克思主义来为存在主义"输液"。

应当承认，存在主义的马克思主义与从克尔凯郭尔到萨特本人的《存在与虚无》所代表的传统的存在主义有所不同，在《辩证理性批判》等著作中，萨特把个体的人放置到历史发展和社会环境之中进行考察，但由于他的基本立场是存在主义的，所以他不可能在这种考察中形成正确的结论，即不可能在历史的进步中找到人的全面解放的道路。当然，萨特提出了历史总体化的构想，认为在人的实践中包含着历史的总体化。但是，萨特认为历史的总体化同时又是人的异化，所谓历史的发展和社会的进步无非是历史的总体化和人的异化无限循环的空间。因而，当萨特谈论历史的总体化时，他是一个乌托邦的浪漫主义者；当他思考人的异化时，他又是一个苦闷的悲观主义者。而且，陷入这种两难困境本身也是一种痛苦，也是存在主义精神的体现。正是在这个意义上，我们说萨特终其一生都未走出存在主义的理论设计。

7. 萨特社会集团理论

萨特在考察社会集团的时候，并不是像历史唯物主义那样从历史的角度来探究每一社会现象的发生发展，萨特的出发点是作为个体的人。萨特认为，集团形成于外部压力的威胁，由于这种威胁，使每一个人在别人身上看到了自己。比如，在 1789 年 6 月，当法国国王惧怕发生一场暴力而把军队调到巴黎时，本来只想到自己而彼此之间相互猜疑的巴黎群众，一下子意识到国王对他们的不信任，意识到他们即整个巴黎群众是一个整体，每个人都把对自己的威胁也看作是对其他一切人的威胁来体验，认识到在被国王的军队包围了的巴黎，每个人的命运是同全体人民的命运联系在一起的。所以，他们就不再抢劫面包坊而去抢劫军械库，从而武装起来共同反对国王。由于国王的军队已经开进巴黎，他们的首要目标就是要攻克国王在巴黎的堡垒——巴士底狱。所以，巴黎市民在攻占巴士底狱中组成的集团完全是由于国王的军队这一外部因素所促成的。在这种集团中，"个人之间的联结，在其各种真实的形式上，是在他人那里直接发现了人们自己的他者性的联结"，是共同的危险把分散的个人实践联结成为一个整体的。

萨特认为，巴黎群众在共同的危险面前结成的集团，是一个"融合集团"，这个集团的特征是，有一个统一的目标和行动，那就是"到巴士底狱去！"同时，统一的目标和行动并未抹杀个人的个性和自由，相反，统一的目标和行动正是个人实践和自由意志的体现。在"融合集团"中，人性得到复活，自由得到恢复，在否定的君主专制的行动中，整个巴黎市民组成了一个共同的人。所以，萨特说："融合集团的主要特征是自由的突然恢复。"也就是说，在融合的集团中，"每个个人都以一种新的方式发生反作用：不是作为个人或他者，而是作为共同的人的个别体现"。融合集团只是特定条件下的产物。在历史的发展中，融合集团不可能长期存在，一旦共同的目标实现之后，融合集团就会昙花一现地消失了，巴士底狱被攻占，巴黎市民就可以解散回家了。因为融合集团在恢复了个人自由的同时必然面临着遭到个人自由破坏的未来。一切人的个人自由只能够实现瞬间的结合，如果去维护集团的形式，个人自由就得不到张扬，而维护个人自由就只能否定集团。也就是说，个人可以自由地组成融合集团，也可以自由地退出这个集团。融合集团只是个人自由的这种两重性的暂时效应。

附录3 萨特个性考略

1. 萨特的金钱观

"不要从我身上寻找守财奴的怪癖——为了摆阔而大手大脚地花钱；恰恰相反，我总是偷偷地花钱，其目的完全是为了自己的快乐；我决不以挥金如土来炫耀自己，而是尽量隐蔽。"这是一个世纪以前，法国伟大的哲学家、文学家卢梭花钱的方式。

萨特决不是守财奴，但他花钱的时候的确让你感到他是一个大富翁，而且是一个近乎土气的阔佬。他从来没有一个支票簿，总是尽可能多地把现钱带在身上，比实际需要的要多很多。当只需付1000法郎时，他常会拿出10万法郎的一卷钞票，这种情形常会使人暗暗发笑。他付小费的时候就更让人感到是在摆阔了：每次出手，小费总是高到近乎荒谬的地步，因此饭店、咖啡厅的侍者们总是争先恐后地为他服务，而朋友们长期以来把这作为一个笑柄。大手大脚的习惯使萨特几乎从不存钱，常常是两三个月甚至一个月他就花掉了一大笔稿费。

如果这种花钱的态度不是出于"守财奴的怪癖——为了摆阔而大手大脚地花钱"，那么它显示出萨特不仅拥有一种真正意义上的慷慨大方，而且对钱丝毫不感兴趣。然而有时他又是非常吝啬的。每当波芙娃对他说："你该买双鞋了。"他会面露难色："我没钱买鞋。"此外，他还不时显示出对于钱的一种贪婪的态度：总是希望拥有比实际上更多的钱。"噢，确实，我再没有足够的钱了"，这种对于"钱不够"的忧心忡忡几乎贯穿了他的一生。

事情真是不太好理解：一方面萨特对于金钱有一种超然的态度，就像对待世俗的荣誉一样；另一方面他又表现出对于钱的过分热心和关于"钱是否够用"的持续担心，为什么如此矛盾的态度会统一在他一个人身上呢？

尽管萨特对人的存在有着深刻的理解和认识，但他却始终没弄清钱是怎么一回事。虽然从小萨特寄居在外祖父家，随后又依赖继父养活，但他从未品尝过困顿的滋味，丰衣足食的小康生活使他无法像生活在穷人家的孩子那样清楚地理解钱意味着什么。他对于钱的意识十分抽象：它是一个硬币或一张纸币，有了它，就可以得到自己想要的东西：一块蛋糕、一个小甜饼或一张电影票。

萨特也不明白工作和收入之间的因果关系。从小，外祖父每天去教课，这怎么也不像是为了钱——他那么喜欢这份工作，喜欢那种滔滔不绝、侃侃而谈的感觉与风度。一段时间，萨特还以为请学生吃饭才是外祖父真正的工作，而教语言课只是他的一个爱好而已。萨特生平所挣的第一笔钱来得也很轻松，那是在巴黎高等师范学院时给中学一年级的落后生讲哲学课。萨特教得毫不费劲，好像是一席海阔天空的泛泛而谈就带来了20法郎。当萨特在勒阿弗尔教书，开始了真正的工作时，他仍然没有感到自己完全是在挣钱。在他的理解中：工作是生活中一个必不可少的实际过程，而钱是附属每月的工作而来的东西，它们是一种时间先后的关系，而并非完全的因果关系。到后来，萨特成为一名职业作家时，金钱与劳动之间的关系就更加模糊了。如果钱是写作这种劳动的报酬的话，那么为什么写一本书所花的时间、脑力和体力与由这本书而得到的钱之间并没有什么关系呢？《辩证理性批判》的写作花费了巨大的工作量而收入甚少，一些完成得既迅速又轻松的东西，如电影剧本《弗洛伊德》，却能得到令人咂舌的报酬。另一些无法预料的意外之财更让萨特弄不清钱究竟代表的是什么——从罗马、伦敦或东京突然寄来一笔钱，由于某个戏剧将在这个或那个国家上演，或者某个导演要根据他的作品改编一部电影，一大笔钱从天而降。

由于没有尝到求财的痛苦，萨特把钱看作是"某种外在于生活的东西"，因此他一直以来出手大方。不过，萨特的大方对别人尤甚于对自己。从青年时代起，他的钱总是和朋友们一起花。由于完全投身在精神世界中，完全不在意现实的物质享受，无论是青年时代略微拮据的日子，还是成名后收入陡增的岁月，萨特的生活方式没有大的改变，他对金钱的态度依然如故。他上好饭馆、住好旅店，但他仍然住公寓，没有小别墅，也没有小汽车……他从来不过奢侈的生活，虽然他完全可以有更好的享受，只有一项花费较大的个人活动他保留了——旅行。

萨特总是担心钱不够，虽然他后来很有钱。这一方面是因为出于不懂得算账，他总想寻求一种收支平衡的安全感，希望拥有足够多的钱，那么就不会被迫算计了，与其说他是害怕缺钱，不如说是害怕算钱，另一方面，萨特的钱用得太快了，几乎5/6的钱都被别人花去了，这中间有女人，有青年人，总之是他认为一切应该资助的人，这样庞大的开支是令萨特晚年老为钱而担心的原因。此外，虽然，萨特对别人慷慨大方，但他生性不愿接受他人的帮助，不愿欠别人一点儿情，因而借钱是他最无法忍受的行为。然而缺钱有时又的确会使他的生活受到某种损害，因此当感到自己钱不够时，或感到有缺钱的危险时，他就会变得有些焦虑，甚至有些神经质。

生活不是由钱形成的，钱可以带来你喜欢的东西，做你愿意做的事情，但你不能靠它过活。应该正视钱的问题，并在一种有益于他人的方式中使用它，钱不应该用作得到钱的一种手段，这就是萨特的金钱观。

2. 萨特的时间观

从某种程度上说，一个人看待时间的方式决定了他是否能拥有成功的一生。萨特能创作出那么卷帙浩繁的作品，而并不远离现实生活，得益于他对时间的巧妙把握。

除了服兵役期间和战争时期以外，萨特生命中的每一年都被分割成 9 个月的工作时间和 3 个月的度假时间。这种划分起源于学生时代的在校生活。当教师以后，这种节奏进一步得到巩固。在离开教育界，专职写作以后，萨特也依然把一年划分为 9 个月和 3 个月，这种划分一直保持到他生命的最后阶段。

每到 7 月，萨特几乎都会离开巴黎，到世界的另一部分去放松自己，体验那些使人惊奇、让人丰富的东西。这期间的生活是轻松、自由，充满了意外、惊喜的。这时，他通常并不停止工作，但没有平日那么刻苦，而用更多的时间和精力去感触世界。10 月一到，萨特就回到了巴黎，仿佛学生又开始了新学期。在这 9 个月中，他订有一套详细的时间表，具体的内容依手上的工作而定，但每天的程度大致相同：大约 8 点半起床，9 点半开始工作直到 1 点半，然后在饭店吃午饭，吃完午饭后大约 3 点，从 3 点到 5 点是他看望朋友的时间，5 点到 9 点继续工作，9 点吃晚饭，晚上继续工作或与波芙娃等最亲密的朋友谈话、听音乐。每一天都是这样程序化的，很少有变动。

尽管萨特严格划分自己的时间，但无论是在 9 个月的工作期，还是 3 个月的度假期，萨特都有被称为"私人生活"的那一部分时间——即完全在闲逛、遐想或者干脆坐着那儿什么也没干，让时间飘逝而过。萨特的工作狂架势让人害怕，但他总会有时间让自己真正放松。

萨特的时间观念中尤其独特的还有他对于过去的态度。他从不过多地沉溺于过去，不论这过去沉闷苦涩，还是辉煌灿烂，他热衷于现在而不愿多提过去，因为"现在是具体的、真实的，而昨天不是那样明显清楚"，所以我们不难理解为什么萨特会毫无困难地反对自己以前的观点，而坚定地表现在认为正确的道路，他甚至不屑于去自圆其说。既然过去的他已不值得留恋，为什么要害怕否定过去呢？

　　出于同样的发展思想，萨特总不会完全肯定他已经完成的作品，他的希望永远寄寓于正在写的这一部。如果在写作过程中感到那已经时过境迁，有更喜欢、更有意义的话题，他就毫不犹豫地"另起炉灶"，停止正在写的作品，这也是萨特一生留下了许多未完成的作品的原因。

　　牢牢地把握住时间，又不让它过满地占据自己；不把过去附加在现在之上，认定生命直到死都是发展的，这种时间观使萨特最大程度地利用了时间，并比任何人都勇往直前。

3. 萨特与其他艺术

　　世人往往只注意到了萨特在文学和哲学两方面的造诣，而忽视了他是一个具备多种艺术修养的真正的全才。

　　萨特很早就接触到音乐了——他出生于一个音乐世家。外祖父夏尔·施韦泽是个语言学家，但他在音乐上的研究亦不同凡响，他能作曲，还写了一篇关于音乐家汉斯·萨克斯的论文。施韦泽一家最大的音乐大师还是他的侄子阿尔贝特·施韦泽——法国当时最有名的音乐家之一。萨特幼时曾出席过他在巴黎的一个风琴演奏会，他著写的关于巴赫的作品是不可多得的音乐文献。母亲安娜·玛丽在唱歌方面有过较高级的训练，而且弹得一手可与专业琴手媲美的钢琴，从她的手下可以毫不费力地流出难度很大的乐曲。

　　萨特继承了母亲良好的音乐细胞，从小他就对节奏有一种特殊的敏感。从 10 岁起，有专门的家庭教师为他上钢琴课，这种专门训练直到他随继父迁离巴黎才停止。但萨特对于音乐的爱好和一定的音乐基础都已形成了，他常常溜到客厅里，自己玩钢琴，一玩就是好几个钟头，他的演奏技巧终于达到了较高的水平。

　　对于音乐的热爱萨特保持了终身。工作之前，萨特会习惯性地来到钢琴前，弹上一会儿。每到星期天，他可能和波芙娃去音乐厅听古典演奏，发现并感受时代推出的一位又一位杰出的音乐家。

　　当留声机出现的时候，波芙娃立刻买了一个，此后在家中听唱片就成了他俩不可或缺的生活享受，他们那个大大的音乐唱片、磁带柜不时会添进一些新内容。萨特既喜欢古典名曲，又热衷现代音乐。老年的萨特喜欢享用由煮鸡蛋、火腿、苏格兰威士忌，再加一张唱片组成的晚餐。不少的夜晚，他是伴着音乐声进入梦乡的。

　　和对音乐的爱好不一样，萨特一开始并不特别喜欢美术。直到 16 岁之前，他对绘画可以说是一无所知。这年，外祖父带萨特去卢浮宫，那些世界名画给了萨特最原始的震动。此后，萨特开始自觉地进行自我培养，对于绘画的喜爱和基本认识逐渐形成了。每到意大利、西班牙等地旅行，萨特和波芙娃总是不忘千方百计地去瞻仰当地收藏的名画，或观看举办的画廊、画展。

　　美术涵养很深的波芙娃对于萨特在绘画上的探索帮助很大。正是由于她，萨特才了解了毕加索、布拉克等现代画家，而最初他是只看古典绘画，不看现代画展的，她还常常把自己已经读过的关于绘画艺术的优秀著作推荐给萨特。不过从表面上看，萨特比波芙娃更懂得绘画，因为他总是很内行地谈论这方面的话题，还写了好些关于名画家的文章。

萨特常说："我觉得谈论音乐对我不很适宜，这应该是音乐家的事。"但这种态度不适用于绘画，萨特写了不少关于绘画的文章，曾先后为考尔德、沃尔斯、贾科米泰等名画家写文章，他还为另一位威尼斯派画家丁多列托写了一本长长的书，因为他的画试图体现三维，这引起了萨特莫大的兴趣。在萨特眼中，绘画真正是一种对于社会的想象，它几乎是时代和社会在作者头脑中的放射，因此萨特感到绘画的主题比较容易确定，关于它们的文章也比关于音乐的要容易写得多。萨特与许多画家是彼此了解的好朋友，他们往往感到在各自工作领域中有许多一致性。可惜，当萨特年过七旬时，绘画艺术就把他拒之门外了——他的视力迅速衰退下去。

除了绘画、音乐，雕塑也是萨特十分喜爱的。他曾大胆选用先锋派雕塑家贾科米泰为他的戏剧制景，并与他成为终身挚友。

艺术是相通的，对于音乐、绘画、雕塑等的爱好使萨特的艺术触觉更加灵敏，对世界、对人的理解更加深刻，对于艺术的表现方法有更多文化的体会，这在极大程度上有益于他终生致力的事业——写作。

参考文献

1.（法）萨特：《圣徒谢奈》，巴黎伽里玛出版社，1952 年。

2.（法）萨特：《实践理性批判》，商务印书馆，1960 年。

3.（法）萨特：《辩证理性批判》，商务印书馆，1963 年。

4. 商务印书馆编辑部编辑：《人道主义、人性论研究资料（第 3 册）》，商务印书馆，1965 年。

5. 北京大学外国哲学研究所编译：《外国哲学资料（第四辑）》，商务印书馆，1978 年。

6. 柳鸣九编选：《萨特研究》，中国社会科学出版社，1981 年。

7.（法）萨特：《影像论》，中国人大出版社，1986 年。

8.（法）萨特：《存在与虚无》，三联书店，1987 年。

9.（日）今道支信著；崔相录等译：《存在主义美学》，辽宁人民出版社，1987 年。

10.（法）萨特：《想象心理学》，光明日报出版社，1988 年。

11.（法）萨特：《萨特精选集》，北京燕山出版社，2005 年。

12.（法）萨特：《想象》，上海译文出版社，2008 年。